内蒙古自治区社会科学基金后期资助项目

考古百年

红山文化考古发现与研究一百年丛书

● 孙永刚／著

内蒙古人民出版社

图书在版编目（CIP）数据

考古百年 / 孙永刚著 . -- 呼和浩特 ：内蒙古人民
出版社 ， 2024.9
（红山文化考古发现与研究一百年丛书）
ISBN 978-7-204-17078-4

Ⅰ . ①考… Ⅱ . ①孙… Ⅲ . ①红山文化－考古发现
Ⅳ . ① K871.13

中国版本图书馆 CIP 数据核字 (2022) 第 001707 号

考古百年

作　　者	孙永刚
策划编辑	王　静
责任编辑	孙红梅
封面设计	刘那日苏
出版发行	内蒙古人民出版社
地　　址	呼和浩特市新城区中山东路 8 号波士名人国际 B 座 5 楼
网　　址	http：//www.impph.cn
印　　刷	内蒙古恩科赛美好印刷有限公司
开　　本	710mm×1000mm　1/16
印　　张	11.75
字　　数	140 千
版　　次	2024 年 9 月第 1 版
印　　次	2024 年 9 月第 1 次印刷
书　　号	ISBN 978-7-204-17078-4
定　　价	42.00 元

如发现印装质量问题，请与我社联系。
联系电话：（0471）3946120

丛书编委会

主　　编：孙永刚

副 主 编：马海玉

编　　委：李明华　任君宇　乌　兰

　　　　　刘江涛　刘　颖　常经宇

　　　　　林　杨　周午昱　张　颖

　　　　　李丹阳

总 序

2021 年是红山文化发现 100 周年，也是中国现代考古学诞生 100 周年。1921 年 6 月，瑞典地质学家安特生等赴奉天省锦西县（今辽宁省葫芦岛市）一带勘查煤矿时，发现了位于辽西地区的沙锅屯遗址。他们对该遗址进行了发掘和测绘，意识到这可能是一处新石器时代遗址。遗址出土的贝环和红地黑彩的彩陶片与河南仰韶村出土的遗物颇为相似。后来的考古发现和研究表明，沙锅屯遗址发掘的新石器时代遗存至少属于两种考古学文化，即红山文化和小河沿文化。沙锅屯遗址被认为是中国近代田野考古史上第一次正式发掘的遗址，它的发掘在中国考古史上具有重要意义，为研究红山文化和中华文明起源提供了宝贵的学术资料。

自沙锅屯遗址发掘以来，红山文化研究已经走过了 100 年的历程。在这 100 年中，无数考古学者为红山文化研究呕心沥血，取得了丰硕的成果。1906—1908 年，日本人鸟居龙藏多次深入内蒙古东南部和热河地区（包括今河北省、辽宁省、内蒙古自治区部分地区）进行考察，对赤峰英金河畔的几处新石器时代文化遗址进行了调查，并于 1914 年发表了《东蒙的原始居民》一文，首次向学术界揭示了西拉木伦河流域史前文化遗存的存在。1930 年，我国著名考古学家梁思永在完成黑龙江昂昂溪遗址的发掘后，对英金河两岸和红山后进行了考古调查，并撰写了考古报告《热河查不干庙林西双井赤峰等处所采集之新石器时代石器与陶片》。1935年5月，日本东亚考古学会滨田耕作、水野清一等人对赤峰红山后的第一、第二住地址进行了发掘，并于1938年出版了发掘报告《赤峰红山后》，提出了"赤峰第一期文化"和"赤峰第二期文化"的概念，向世界宣布了赤峰红山后新石器时代人类遗存的重要发现。20世纪40年代，裴文中先生提出，红山后是北方草原细石器文化与中原仰韶文化在长城地带接触而形成的"混合文化"。1954年，中国著名考古学家尹达在编写《中国新石器时代》一书时，根据梁思永先生的意见，对这一文化进行了专门论述，并正式将其命名为"红山文化"。1956年，裴文中先生和吕遵谔先生带领学生对红山文化遗存进行了调查和试掘，获得了大量重要的实物标本，并对《赤峰红山后》中的一些错误结论进行了更正。20世纪80年代以后，红山文化研究取得了突破性进展，苏秉琦、杨虎、刘观民、张忠培、严文明等考古学家对红山文化研究给予了高度重视。内蒙古文物考古研究所、中国社会科学院考古研究所内蒙古工作队、吉林大学考古学系、赤峰学院等机构在内蒙古和辽宁地区开展了一系列红山文化考古发掘和研究工作，推动了红山文化研究的国际交流与合作，使红山文化研究走向了世界。

近30年来，赤峰学院在红山文化研究领域取得了显著成就。一是成功举办了3次国际学术研讨会和12次高峰论坛，有效提升了红山文化的国内外影响力。具体而言，1993年、1998年和2004年，在赤峰市举办了3届中国北方古代文化国际学术研讨会。2006—2017年，连续12年举办红山文化高峰论坛。二是出版了10部会议论文集，包括3部《中国北方古代文化国际学术研讨会论文集》、2部《红山文化高峰论坛专辑》和5部《红山文化高峰论坛论文集》。三是创办《红山文化研究》专辑，至今已连续出版 8 部。四是出版了多部专著、译著，包括《红山文化与辽河文明》《西辽河流域早期青铜文明》《古代西辽河流域的游牧文化》《红山文化概论》《红山玉器》《西辽河流域史前陶器图录》《西辽河流域考古时代自然与文明关系研究》《西辽河上游考古地理学研究》《辽西地区新石器时代植物考古研究》《红山古国研究》《赤峰红山后：热河省赤峰红山后史前遗迹》（中译本）等。此外，赤峰学院研究人员在红山文化研究领域发表了 100 余篇学术论文，充分展示了红山文化研究成果。2019 年以来，赤峰学院先后获批内蒙古红山文化研究基地、内蒙古红山文化与中华早期文明研究协同创新中心、内蒙古红山文化与中华民族共同体研究基地。目前，赤峰学院在红山文化研究领域已形成了鲜明的特色，成为赤峰市文化研究的一面旗帜。

值此红山文化发现 100 年之际，赤峰学院编写了"红山文化考古发现与研究一百年丛书"，旨在系统总结红山文化考古发现与学术研究成果，进一步深化对中华文明起源和发展的认识。新时代，继续对红山文化遗址进行保护与研究，不仅是深入挖掘与弘扬中华优秀传统文化的重要实践，而且对增强文化自信具有重要意义。红山文化所蕴含的中华文明的核心基因，深刻展现了中华文化的连续性、创新性、统一性、包容性、和平性，是全人类共同的精神财富。因此，挖掘、整理、研究、保护和传播红山文化不仅是我们的责任，也是我们应尽的义务。

"红山文化考古发现与研究一百年丛书"编写组

2021 年 12 月

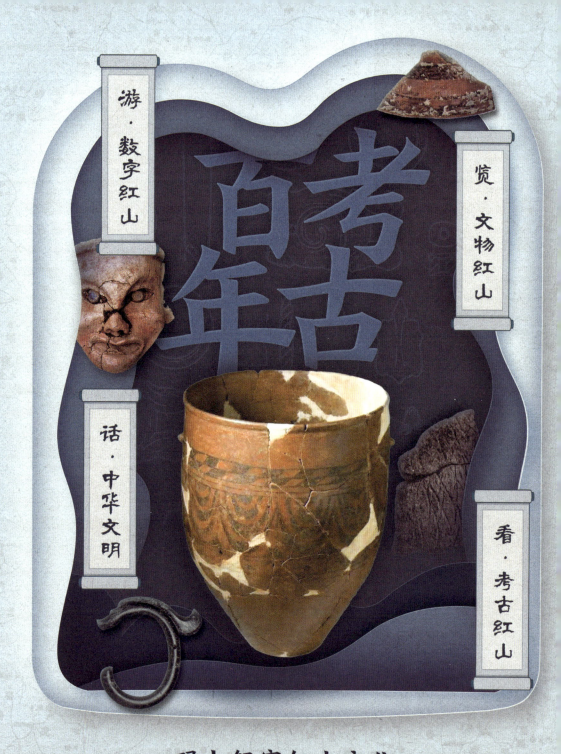

考古百年

游·数字红山

览·文物红山

话·中华文明

看·考古红山

码上解密红山文化

探寻文明起源

目录

第一章 百年肇始

一、曙光初照

1908 年 1 月，正值北方严寒的冬季。一位个头不高、会说蒙古语的日本学者站在英金河畔，凝视着红山。他坚定地攀上临近河边的小高地，开始四处探寻。突然，他发现了一些原始遗迹和遗物，包括石斧、石镞、石刀和陶器等[1]。这一发现令他异常兴奋，他相信这些遗迹可能与东胡有关。他将这次发现记录在《蒙古旅行》一书中，尽管书中相关的描述非常简短，几乎只有几行文字，但这段文字中就有关于后来闻名世界的红山文化重要遗物的相关记载，这标志着红山文化的首次发现。随后，他又发表了《东蒙的原始居民》一文，首次向世界展示了赤峰地区远古历史的线索。

这位发现者就是日本考古学家鸟居龙藏，那他是怎么来到这里的呢？这还得从喀喇沁右旗的王爷贡桑诺尔布说起。贡桑诺尔布创办新学，于 1906 年春天聘请鸟居龙藏夫妇到喀喇沁王府任教。然而，鸟居龙藏缺乏教学经验，且并不热衷于教师这一职业。[2] 因

1　参见 [日] 鸟居龙藏：《蒙古旅行》，戴玥、郑春颖译，商务印书馆 2018 年版。

2　参见 [日] 鸟居龙藏：《蒙古旅行》，戴玥、郑春颖译，商务印书馆 2018 年版。

此，他将大部分时间和精力都投入对王府周边地区的考古调查中。聘用期满后，鸟居龙藏并没有离开赤峰地区，在 1907 年 12 月至 1908 年 11 月期间对赤峰地区进行了广泛的考古学调查。在他所著的《蒙古旅行》一书的自序中，他详细阐述了这次调查的目的，包括：1. 对当地蒙古人的身体进行测量。2. 对语言的深入研究。3. 对当地的风俗习惯进行研究。4. 记录当地的俚歌、童谣和童话。5. 对古物、遗迹等的研究。鸟居龙藏的调查范围覆盖了今赤峰市的阿鲁科尔沁旗、巴林左旗、巴林右旗、林西县、克什克腾旗、翁牛特旗、敖汉旗、宁城县、红山区，锡林郭勒盟的东乌珠穆沁旗、西乌珠穆沁旗、多伦县，通辽市的扎鲁特旗、奈曼旗，以及辽宁省的朝阳市、锦州市，河北省的张家口市，甚至外蒙古的喀尔喀王府等地。他主要考察了红山后遗址、辽上京、辽中京、庆州古城、白城、长城、喀喇沁王府、元上都等重要遗址。此外，鸟居龙藏还采集了各种动植物标本，并对当地的服饰、制陶工艺、歌谣等多个方面进行了民族学的调查。[1] 他每天还进行气温测量，记录当地的气候条件。这次调查的范围之广、涉及的遗迹之多和调查项目之复杂，都是前所未有的。

其实，这并不是鸟居龙藏首次来到中国进行学术调查。自 1895 年他独自探查辽东半岛起，直至 1951 年辞去燕京大学客座教授之职归国，他在中国的调查研究持续了半个多世纪。他来华调查有多种原因：有时是被派遣，有时是主动申请，有时则是利用聘请机会前来。他的调查足迹遍布中国的多个地区，包括东北、内蒙古东部、西南、华南、西北、台湾等地区。研究内容涵盖体质人类学、考古学、历史学、民族学等多个领域。然而，鸟居龙藏的调查主要集中

1　参见［日］鸟居龙藏：《蒙古旅行》，戴玥、郑春颖译，商务印书馆 2018 年版。

在地表采集，这在一定程度上限制了他的研究深度。例如，他将东蒙古地区的遗物与东胡联系起来，并将其分为史前、乌丸鲜卑和契丹三个时期；同时，他将辽东地区的遗物归为秽貊的遗存。在遗物归属比定的过程中，鸟居龙藏十分注重参考古代文献，这在早期的史前考古研究中较为罕见。尽管他在论文中尝试将考古材料与古代文献相结合，以形成一套较为系统的解释，但在当时的研究条件下，这种做法具有一定的风险。他将从文献中得出的关于古代民族系统的初步结论与尚未能准确断代的采集遗物草率地整合在一起，这暴露了他在研究方法上的根本缺陷。因此，尽管他的著作在资料收集方面具有重要价值，但其学术研究价值相对较低。[1]

　　鸟居龙藏之所以能在中国进行广泛的田野调查，与日本的军事扩张行动不无关系。1895 年 4 月，中日甲午战争后，清政府被迫签订《马关条约》，将台湾和澎湖列岛割让给日本，在德法俄的干涉下日本同意归还辽东半岛。同年 8 月，鸟居龙藏前往辽东半岛进行调查。次年 7 月，他前往台湾进行调查。1904 年 2 月，日俄战争爆发，辽东半岛再次被日本占领。1905 年 9 月，鸟居龙藏再次前往辽东半岛进行调查。1910 年 8 月，《日韩合并条约》签订，鸟居龙藏于次年春前往朝鲜进行调查。1918 年 8 月，日本出兵西伯利亚，鸟居龙藏于次年 6 月前往西伯利亚东部进行调查。1928 年 4 月，日本出兵山东，随后制造了济南惨案。同年 9 月，鸟居龙藏前往山东进行调查。鸟居龙藏对自己的学术机遇有着清晰的认识，并在关于西伯利亚东部的调查报告中表达了对日本军事行动的看法："不管日军出兵西伯利亚的目的是如何，我感觉

1　参见刘未：《鸟居龙藏与中国考古学》，载《边疆考古研究》第十五辑，科学出版社 2014 年版。

日本的势力已扩大西伯利亚地域，所以这次的出兵西伯利亚并非无意义的事件。我国人的任务是怎样利用这次的军事行动去做有意义的事。"[1] 由此可见，鸟居龙藏的学术调查活动是在日本帝国主义扩张的背景下展开的。日本侵略者支持鸟居龙藏等学者深入中国各地进行考察研究，旨在通过获取基础性的资料和情报，为进一步的侵略行动做准备。同时，鸟居龙藏的调查得以顺利进行，也得益于日本侵略者的关照。因此，鸟居龙藏与日本侵略者之间存在一种相互依赖、相互利用的关系。尽管鸟居龙藏在燕京大学任教期间，坚持学术独立，并没有与日本军方合作，但这并不能掩盖他在中国进行考古调查的行动是始于日本帝国主义侵略扩张的历史背景之下的。鸟居龙藏的学术成果虽然在一定程度上推动了相关领域的研究，但其背后的动机和影响也应当被全面分析和审视。

自 1895 年鸟居龙藏对辽东半岛进行考察起，中国考古学已经走过了约 130 年的历史。随着我国日益繁荣和强大，经过几代考古学家的不懈努力，我们的考古工作已经取得了显著的成就。

鸟居龙藏（Torii Ryuzo，1870—1953），日本著名考古学家，曾于 1921 年获得东京帝国大学文学博士学位，并在次年担任该校人类学教研室主任。1939 年至 1951 年期间，他在中国工作，担任燕京大学的客座研究教授。鸟居龙藏不仅在日本国内进行考古研究，还在西伯利亚东部、

1　刘未：《鸟居龙藏与中国考古学》，载《边疆考古研究》第十五辑，科学出版社 2014 年版。

千岛群岛、库页岛、朝鲜以及中国的内蒙古、东北、云南、贵州和台湾等地开展考古调查和发掘工作。他的研究重点在晚年转向了中国辽代文化。鸟居龙藏的学术成果丰富，著有《从考古学上看辽的文化》等多部重要著作，其全部论著被收录于十二卷本的《鸟居龙藏全集》中。[1]

二、沙锅屯洞穴遗址的发掘

1919年，法国神父桑志华多次到热河省调查。1924年，法国古生物学家德日进来到红山前遗址，采集到细石器、石犁耙等。在红山文化遗址中，最初被世人认识的是瑞典地质学家安特生发现和发掘的辽宁省沙锅屯洞穴遗址[2]。

1921年6月，安特生等赴奉天锦西县一带调查煤矿，同时对调查区域内的古代遗址给予了特别关注，并很快发现了位于沙锅屯东南的一处洞穴。美国远东调查队詹姆斯·黄与安特生的采集员白万玉首先进入洞中，在表层中挖掘到一些小骨，属蝙蝠类的遗骸。安特生让詹姆斯·黄继续向下发掘，直至洞穴底部，因为他判断重要的发现应在洞中沙土的下层。之后，安特生离开洞穴，继续他的煤田调查之行。数日后，安特生归来。此时洞内不但已经出土了骨管及石环等遗物，还发现了数具人骨。通过对出土遗物的观察，安特生敏锐地认识到这里应是一处新石器时代遗址，次日便亲自进行发掘，并对遗址进行测绘。詹姆斯·黄突染疾病，

1　参见王巍：《中国考古学大辞典》，上海辞书出版社2014年版。

2　参见［瑞典］安特生：《奉天锦西县沙锅屯洞穴层》，《古生物志》丁种第一号第一册，袁复礼译，农商部地质调查所1923年版。

不得已而返京，安特生不得不独自承担发掘任务。由于洞穴中发现了人骨，安特生便邀请协和医学校解剖学专家步达生前来鉴定人骨并协助发掘。此举在中国考古学的发展史上具有里程碑意义，它开创了多学科交叉研究的先例，为中国考古学研究树立了良好的学术典范。沙锅屯洞穴中出土了大量陶器、石器、骨器等文物，在洞穴表面还发现了 2 枚属于宋金时期的铜钱。石器种类繁多，包括细石器、刀、环、扣、珠等。特别引人注目的是，一件技法精湛、简约而传神的兽形石雕也在其中。骨器同样种类多样，有针、针筒、管、镞、匕、锥等，此外还发现了野猪牙制品和蚌环。陶器大多保存状况不佳，但仍可辨认出筒形罐、豆、碗、钵、壶等器型，其纹饰包括席印纹、刻划纹、绳纹、彩纹和附加堆纹等多种。发掘过程中还清理出了代表 42 个个体的人骨以及各类动物骨骼。从这些发现来看，安特生在中国进行的首次考古发掘工作取得了显著的成果。

关于沙锅屯洞穴遗址的性质，安特生提出了三种假设：葬地、食人民族之穴居、用人作享之祭地。他个人更倾向于第三种假设，理由是遗址中出土的蚌环较为脆薄，不适合佩戴，可能是模型明器。此外，遗址中发现的一些细小石刀似乎没有实际用途，也可能是用于祭祀的器物。安特生得出这一结论的一个重要前提是，他认为遗址的整体堆积属于同一个文化和同一时期。在发掘报告中，他明确指出，除了洞穴表层（第六层）属于较晚的宋金时期之外，"自第一至五皆连续而代表一种文化"。安特生注意到，沙锅屯洞穴中出土的贝环和红地黑彩的彩陶片与河南仰韶村的发现非常相似。他的最终结论是，"予意以为此二址不特同时，复为同一文化之民族所遗。即予以为仰韶古代文化者是"。然而，安特生当时未能充分认识到该遗址复杂的文化内涵，他将除了第六层之外的所有出土遗存归入一个文化范畴，将它们视为一个不可分割的整体。

然而，随着后续的考古发现和研究，沙锅屯洞穴遗址的新石器时代遗存被确认至少包括两种不同的考古学文化：红山文化和小河沿文化。红山文化以其特有的压印"之"字纹陶和彩陶而闻名，而小河沿文化则以绳纹筒形罐为代表。因此，对沙锅屯洞穴遗址性质的界定需要更细致的分析，不能一概而论，而应动态地、分时段地进行具体考察。值得注意的是，在 20 世纪 20 年代初，中国考古学正处于起步阶段，当时对于相关问题的认识深度自然无法与现代相比，在考古材料的解读上出现一些偏差是可以理解的，也是学术发展的一个自然过程。

图 1-1　沙锅屯洞穴遗址出土的红山文化陶器

沙锅屯洞穴遗址的发掘在中国考古学史上具有重要意义。它被视为中国近代田野考古史上首次正式发掘的遗址，并且在赤峰红山后遗址发掘之前，它是了解红山文化这类遗存的主要材料。[1]红山文化的考古研究历史正是从沙锅屯洞穴遗址的发掘开始的，这一工作使得红山文化与仰韶文化一同成为中国最早被考古工作

1　参见郭大顺：《红山文化研究》，载《中国考古学研究的世纪回顾·新石器时代考古卷》，科学出版社 2008 年版。

者揭示的新石器时代考古学文化，尽管对红山文化的深入研究相对仰韶文化来说起步较晚。在中国考古学百年诞辰之际，赵宾福先生对沙锅屯洞穴遗址的重要性给出了明确的界定：从时间上讲，辽宁锦西沙锅屯的工作才是第一次田野考古发掘，比仰韶村的发掘要早。从学术史的角度说，中国考古学的诞生与东北考古有直接关系，甚至可以说中国考古学最早开始于我国东北。[1]

安特生（Johan Gunnar Andersson，1874—1960）：瑞典地质学家、考古学家。较早从事中国新石器时代考古研究的学者之一。毕业于乌普萨拉大学，1902 年获博士学位。早年多次赴北极和南极探险，1906—1914 年任瑞典地质调查所所长，1914—1924 年任中国北洋政府农商部矿政顾问，1926—1939 年任瑞典远东古物馆馆长。在中国期间着重于新生代地质的研究，后来转向考古学研究，调查周口店化石地点，发掘河南渑池仰韶村遗址，调查发掘青海、甘肃的大批新石器时代至青铜时代遗址。主要著作有《中华远古之文化》《奉天锦西沙锅屯洞穴层》《甘肃考古记》《黄土的儿女》《远东地质学与考古学研究》《中国史前史研究》《朱家寨遗址》《河南的史前遗址》等。[2]

1　赵宾福：“从东北出发：百年中国考古学的起步与进步”，载《江汉考古》2021 年第 6 期。

2　王巍：《中国考古学大辞典》，上海辞书出版社 2014 年版。

三、梁思永先生与赤峰考古调查

著名考古学家梁思永先生于 1930 年在完成黑龙江的工作后，就转道通辽进入原热河进行考古调查，途经开鲁、天山、林东、林西、经棚、赤峰、围场、承德而后返京。[1]

梁思永先生在其撰写的调查报告中详细阐述了此次考古工作的初衷。在此之前，日本人鸟居龙藏和法国人桑志华在热河地区进行的考古工作虽然发现了众多新石器时代的遗址，但他们的研究主要局限于地面采集，即使有少量试掘，其方法也缺乏科学性。因此，梁思永先生前往热河的主要目标是进行一次规模较大的发掘活动，目的是"解决这些实物在地下纵面的分布问题"，即确定它们的相对年代。梁思永先生最初选择的发掘地点是位于林西县城南的遗址，之所以选择这里，是因为该遗址面积较大，遗物种类繁多，数量极其可观。然而，由于低温和降雪导致土层冻结，原定的发掘计划未能如期进行。

面对当时的困境，梁思永先生不得不采取替代方案，进行一些地面采集工作。当时的热河地区民生困苦，治安混乱，气候恶劣，这些因素都严重影响了调查工作的进行，因此梁思永先生对所取得的成果并不十分满意。尽管如此，他在查不干庙、林西、双井、陈家营子、赤峰等地进行了采集，其中查不干庙、双井、陈家营子是梁思永先生首次发现的遗址。这些遗址采集到的大部分遗物与之前鸟居龙藏和桑志华采集到的遗物相似，但梁思永先生还是决定将这

1　梁思永：《热河查不干庙林西双井赤峰等处所采集之新石器时代石器与陶片》，载《田野考古报告》第一册，商务印书馆 1936 年版。

些发现整理并发表。梁思永先生之所以坚持发表这些成果，一个重要原因是当时国内对热河地区新石器时代文化的认识非常有限，这是一个急需填补的学术空白。梁思永先生本人也谦虚地指出，"这也许是中国考古学者书写的第一篇专论热河新石器的文字"。

在当时的经棚县陈家营子，梁思永先生采集到了一种陶片，这种陶片在视觉上"很像没有彩绘的仰韶陶片"。这些陶片质地细腻，不含砂粒，外壁呈砖红色，内壁则呈黑色。根据其特征描述，这些陶片很可能属于红山文化时期的泥质陶器。

梁思永先生所说的赤峰遗址是指位于赤峰县城与红山嘴之间的一处遗址。尽管在地表采集到的遗物数量有限，但其中特别引人注目的是具有仰韶文化特征的彩陶，这些彩陶片同样被认为属于红山文化时期。

梁思永先生在他的考古调查报告中详尽地描述了他在 5 个遗址采集的石器和陶片。然而，由于这些石器的造型较为简单，它们在时代变化上的敏感度不高，缺乏明显的时代特征，因此我们很难准确地判断这些石器具体属于哪些时期或文化。在陶器方面，除了在陈家营子和赤峰遗址采集到的少量可确定为红山文化遗物的标本外，其他能够明确归属于已知考古学文化的标本相对较少。此外，一些学者早已指出，梁思永先生归类为新石器时代的陶器中实际上包括了一些辽代的陶器。[1]梁思永先生的这篇考古调查报告后来被收录于 1959 年科学出版社出版的《梁思永考古论文集》中。在该论文集的编者后记里，编者提到："我想如果梁先生是活着的话，他也会承认这错误而愿意加以改正的。"

_____

1　参见汪宇平："内蒙昭乌达盟印纹陶的时代问题"，载《考古通讯》1955年第 4 期。

每个时代的学者及其作品都带有其时代的局限性，我们不能对此过于苛责。可以肯定的是，梁思永先生在东北考古领域的开拓性贡献是值得永远铭记的。

在梁思永先生的这篇考古调查报告中，我们能够深切地体会到他强烈的学术追求和深厚的爱国情感。1930年，由于日本侵略者占领了中国东北，导致历史语言研究所发起的"东北考古计划"不得不暂时搁置。梁思永先生撰写这篇报告的目的，既是为了纪念这一计划，也是为了"提醒我国的考古学者不要忘记了我们没有完成的工作"。在这一时期，一些学术团体也跟随日本侵略者进入热河地区进行考古工作。其中，日本京都大学的滨田耕作主持的赤峰红山后遗址发掘工作尤为引人注目。这一发现引起了梁思永先生的高度关注，因为它有可能解答长城以北新石器时代文化的一些问题。然而，由于当时的发掘报告尚未公开，梁思永先生难以进行更深入的研究。梁思永先生坚信，赤峰地区是一个理想的研究区域，有潜力揭示辽河流域的文化发展序列。因此，他在报告的结尾处意味深长地提醒道："注意这个大问题的人们，不要把机会放老了。"

现在可以告慰梁思永先生的是，辽西地区的考古学文化编年序列已经得到了较为完善的构建，长城南北地区之间不同文化的关系也日渐清晰地展现在世人面前。东北地区的考古工作已经呈现出繁荣发展的景象，当年因种种原因未能实现的"东北考古计划"正在有序推进。更重要的是，梁思永先生所关注的以彩陶器为代表的红山文化已经成为探索中华文明起源的重要焦点，红山文化的影响力已经超越了考古学领域，受到了社会各界的广泛关注和重视。

梁思永（1904—1954）：中国考古学家。广东新会人，生于日本横滨。梁启超次子。1923 年毕业于清华学校留美预备班，1930 年获哈佛大学考古学和人类学硕士学位。归国后在"中央研究院"历史语言研究所任职，1950 年后任中国科学院考古研究所副所长，主持日常工作，为推动中国田野考古走上科学轨道做出了重要贡献。他在中国考古学发展上的主要贡献是：通过后冈遗址的发掘，第一次从地层学上判定仰韶文化、龙山文化和殷商文化的相对年代关系；主持殷墟王陵区的发掘（未完稿的侯家庄王陵区发掘报告，后由高去寻辑补《侯家庄》一书多册在台湾地区出版）；主持编写中国第一部田野考古报告集《城子崖》。主要学术论文收入《梁思永考古论文集》。[1]

四、赤峰红山后遗址的发掘

日本学者八幡一郎作为第一届满蒙学术调查研究团成员于 1933 年来到今赤峰市红山地区进行考古工作。他在红山前遗址进行了调查，并在红山后遗址发掘了青铜时代的石棺墓。随后，滨田耕作和水野清一作为东亚考古学会成员于 1935 年在红山后遗址发现并发掘了新石器时代遗址。1938 年，他们创作的《赤峰红山后：热河省赤峰红山后史前遗迹》一书正式出版，书中首次集中介绍了在该地区发掘中获得的新石器时代彩陶和细石器共存的考古资

1　参见王巍：《中国考古学大辞典》，上海辞书出版社 2014 年版。

料，并将其命名为"赤峰第一期文化"。[1]

图 1-2 《赤峰红山后：热河省赤峰红山后史前遗迹》（中译本）

　　红山后遗址出土的遗存无论是从种类还是数量上来看，在红山文化考古史上都是史无前例的，特别是该遗址出土的新石器时代遗存内容相对单一，这为深入理解和准确把握红山文化的特征提供了条件。在出土的遗物中，陶器尤为引人注目，分为夹砂陶和泥质陶两种类型。夹砂陶主要包括筒形罐、斜口器以及器盖等，这些陶器的装饰以"之"字纹和刷划纹为主。泥质陶涵盖了瓮、壶、钵、盆、罐等多种器型，其外纹饰除了素面无纹的，还有各种彩纹。红山后遗址的发掘不仅让红山文化的一角显现于世，更进一步揭开了它神秘的面纱，使红山文化的丰富内涵得以较为全面地展现。

1　参见［日］滨田耕作、水野清一：《赤峰红山后：热河省赤峰红山后史前遗迹》，日本东亚考古学会 1938 年版。

红山后遗址的发掘成为研究长城以北地区新石器时代文化的一个重要里程碑，尤其是该地区以压印"之"字纹和彩陶为代表的文化特色，由此开始受到学界和公众的广泛关注与重视。

从学术研究的角度看，滨田耕作、水野清一等人对红山后遗址的考古发掘和研究工作对该地区史前文化的研究具有显著的推进作用。其一，确认了赤峰地区存在代表新石器时代和青铜时代的"赤峰第一期文化"和"赤峰第二期文化"，为这两种考古学文化的研究提供了丰富的基础资料。其二，运用类型学方法探讨了赤峰地区与河南、甘肃等地区文化之间的联系，为该地区考古学文化谱系的研究奠定了重要基础。[1]

然而，他们的研究也存在一些明显的局限性。一个突出的问题是，他们所发掘的红山文化遗存缺乏明确的出土单位，这表明当时的发掘工作未能充分揭示地层和各类遗迹的分布情况。因此，这些遗物失去了它们原本的共存环境，其科学研究价值大打折扣，与采集品没有太大的差别。红山后遗址出土的红山文化陶器涵盖了红山文化的早、中、晚各个阶段，以早、中期为主。如果当时能够科学地分析不同遗物之间的共存关系以及不同单位之间的叠压、打破关系，那么红山文化的分期问题可能早已得以解决。这种局限性是那个时代难以避免的，它也反映了中华人民共和国成立前红山文化研究在曲折中前进的历程。

受政治环境的影响，在红山后遗址发掘完成到中华人民共和国成立的10余年间，赤峰及其周边地区的考古工作几乎完全停滞。

1　参见高云逸：《中国东北地区公元前三千年前的文化演进与社会发展》，吉林大学博士学位论文，2021年。

在缺乏新材料的情况下，相关研究也未能取得显著进展，红山文化的研究同样受到了限制。然而，随着中华人民共和国的成立，全国迎来了和平稳定的政治环境，为考古工作的发展创造了有利条件。在这样的背景下，红山文化的发掘与研究开始逐步走上正轨，并取得了新的进展，这正是我们接下来重点探讨的话题。

第二章　探索求真

一、红山文化的定名

在红山文化被正式命名之前的近半个世纪里，学术界对其文化内涵和特征的理解还不够深入。直到 1949 年以前，学者们的研究主要依赖于日本学者创作的《赤峰红山后：热河省赤峰红山后史前遗迹》一书。尽管如此，国内外的史前考古学家已经开始认识到红山文化的重要性，并围绕辽西地区的发现展开了命名讨论。1954 年，尹达先生在《中国新石器时代》一书中首次提出"红山文化"这一名称，将"赤峰第一期文化"正式定名为"红山文化"。书中指出："红山后的这一新石器时代遗址（红山后第二住地遗址）具有突出的特点。对研究长城南北的新石器时代文化遗存的相互关系问题有极大的启发和帮助。"[1]1956 年，北京大学考古专业的裴文中教授和吕遵谔研究员带领学生对红山地区的四个关键地点进行了调查和试掘。这次工作不仅获得了重要的实物标本，而且明确了赤峰红山后、红山前的古文化遗存的特征和性质。这些成果显著提升了对红山文化遗址群及红山文化研究的整体理解，

1　尹达：《中国新石器时代》，生活·读书·新知三联书店 1955 年版。

并为后续红山文化及相关地区考古学文化研究提供了清晰的线索。

　　尹达（1906—1983），中国考古学家，原名刘耀，字照林，又名刘虚谷，河南滑县人。1930年河南大学国学系毕业后，加入"中央研究院"历史语言研究所考古组。参与了安阳小屯、后冈遗址，侯家庄商王陵区，浚县辛村卫国墓地，山东日照两城镇遗址的考古发掘。1938年赴延安，1949年后在中国人民大学、北京大学、中国科学院等机构任职，并在1955年成为中国科学院哲学社会科学部学部委员会常务委员，1959—1962年兼任考古研究所所长。他还担任中国考古学会第一届、第二届理事会副理事长。学术上，他以纠正瑞典考古学家安特生在中国新石器时代分期问题上的错误观点而著称。其代表作《中国新石器时代》（1979年再版，更名为《新石器时代》）深入探讨了中国新石器时代的文化发展。他还主持编写了郭沫若主编的《中国史稿》，为中国考古学和历史学研究做出了卓越贡献。[1]

二、展露锋芒

　　20世纪50年代至70年代末是红山文化研究的确立时期。在这一时期，学术界首次提出了红山文化的名称，并通过对西水泉遗址、蜘蛛山遗址、三道湾子遗址、四棱山遗址、三星他拉遗址等遗址的调查和发掘，对红山文化的基本特征进行了深入研究。

1　参见王巍：《中国考古学大辞典》，上海辞书出版社2014年版。

这些工作不仅加深了对红山文化的认识，还通过碳 -14 年代测定法，明确了其相对年代和绝对年代，为研究红山文化的分布范围和与周边文化的关系提供了重要依据。

（一）红山后遗址

1956 年 7 月，我国著名考古学家裴文中和吕遵谔先生带领北京大学历史系考古专业的 7 名学生，与内蒙古自治区文化局文物组的汪宇平等人一同前往赤峰进行教学实习。[1] 在这次考察中，最重要的成果是通过对红山前遗址的 3 个地点和红山后遗址的 1 个地点的调查，重新发现了当时被称为"赤峰第一期文化"的遗存。这种文化的特点是细泥红陶、彩陶与石器、细石器共存。此次发现被命名为"赤峰第二期文化"，实际上它包含了几个性质和面貌不同的发展阶段。这些阶段不仅可以与中原地区同期文化进行对照研究，还展示了它们独有的特征。此前，滨田耕作等人曾认为这种文化属于秦汉时期。然而，通过此次调查，结合出土的器物如高脚分档鬲、夹砂陶、磨制石器、打制石器、青铜镞以及石棺墓等，经过对这些文物的文化内涵分析，确认"赤峰第二期文化"实际上早于秦汉时期。调查的 4 个地点按照时间顺序排列如下：红山前 56：02·Ⅱ地点，红山后石棺墓及北大沟住地，红山前 56：02·Ⅰ地点，红山前 56：02·Ⅲ地点。

1. 红山前 56：02·Ⅱ地点

在裴文中等人的考古调查中，他们收集了大量细石器的碎屑和细长石片。他们选择了一个灰层清晰的地点，挖了一条探沟（编号 56：02·Ⅱ）。通过观察，他们发现地层分为 3 层，出土的遗

1　参见吕遵谔："内蒙古赤峰红山考古调查报告"，载《考古学报》1958 年第 3 期。

物主要包括陶片、石器、蚌器和鹿角等。此次发掘并未出土完整的陶器，但根据出土的陶片分析，红色陶片大多属于碗类器物，褐色陶片多为深腹罐一类的容器。在石器方面，发现的数量相对较少，包括5件细石器石屑、1件石片、1件有孔石器、1件蚌器和1件鹿角。鹿角的上部已经破损，但上面有人工切割的痕迹。经过仔细分析，确认这个鹿角是斑鹿的右角。尽管56：02·Ⅱ地点的发掘面积不大，出土文物数量有限，但考古团队在地表和沟底采集到了大量的细石器和陶片，这些发现与滨田耕作等人在红山后第二住地出土的遗物明显不同。

2. 红山后石棺墓及北大沟住地

裴文中教授及其团队抵达了红山最北端的一个山峰，这里在《赤峰红山后：热河省赤峰红山后史前遗迹》一书中被记载为"第一峰"。在这座山峰的南坡分布着一些高地，这些高地上散布着一些石棺墓。石棺墓的形制为长方形竖穴，墓室的四壁用赤色的花岗岩砌成，墓室的平面向内倾斜，形成一种棺状结构。部分石棺墓的底部铺有平整的石块，而棺盖则由石块构成，最终用土填平墓穴。在一些石棺墓中还发现了随葬品。考古团队还在吊死鬼沟发现了类似的石棺墓，他们对其中的6座石棺墓进行了清理和研究。6座石棺墓的情况如下：

第一号墓位于山坡中部。石棺墓两侧石块保存较好，石盖残缺，墓底未铺石板。人骨架保存不全，胫骨以上残缺严重，胫骨以下保存完整。通过对人骨架摆放位置的分析，墓主人葬式为右侧卧伸直葬。随葬品为一块狗的肱骨。

第二号墓位于东北坡。石棺墓除西部石块有残缺，其余保存较好，无石盖，墓底铺有石板。墓内除有残缺的人骨架以外还发

现了少量腐朽的木质物，经分析并不是腐朽的棺材，而是后期因遭到破坏导致木片落入墓葬之中。

第三号墓位于第二号墓下约 1 米处。石棺墓残缺，墓底未铺石板。胫骨以上骨架凌乱，胫骨以下保存尚好。根据骨架的摆放可以看出墓主人的葬式为头西脚东右侧卧伸直葬。在墓主人的下颌骨下颌角处有圆形绿色铜器状痕迹，说明该墓葬此前是有随葬品的，但已被盗。在清理第三号墓时，考古团队发现了一块右跟骨和一块左股骨，这两块骨架明显不属于同一人，应为墓葬打破关系而不是合葬关系。

第四号墓位于第一号墓南稍偏西的山南坡近山顶处。石棺墓石块残缺，无石盖，墓底未铺石板。人骨架除头骨和下颌骨保存完整，其他骨骼比较凌乱。根据骨架摆放位置推断，墓主人葬式为仰身直肢葬。墓内无随葬品。

第五号墓位于第四号墓东北 3 米处，与第四号墓成垂直方向埋葬。石棺墓保存比较差，墓底未铺石板。人骨架多数已腐朽，只剩下部分残骨。葬式不详。墓内无随葬品。

第六号墓位于第一号墓东南约 30 米山顶东部。石盖保存完整。墓内只有几块残骨片，根据骨架判断，墓主人为一个幼年个体。墓内未发现遗物。

清理的 6 座墓葬保存情况较差，墓向大多东西向，无使用棺现象，墓主人为一人，而非双人合葬。虽墓内无随葬品，但根据当时的挖掘结果来看，随葬品应该有石器、陶器、青铜器、骨器等。

北大沟住地在红山石棺墓墓地西北边的山坡上，在沟的剖面上可以清晰地看到灰层和灰坑。根据灰层的连续情况和灰坑中所出土的遗物分析，灰层和灰坑属于同一时期。考古团队试掘了其中 3 个灰坑，出土的遗物有陶器、石器、动物骨骼等，其中出土的陶片都比较零碎，没有发现完整器，陶器的颜色有红色、褐色、灰色等。经过对出土的陶片进行研究，可以辨认出器型有陶罐、陶碗、陶盘、陶钵和陶鬲等。石器出土数量不多，其制作方法主要是以打制和磨制为主。打制石器有砍伐器、刮削器、斧状器等，磨制石器有石刀残片、穿孔石斧等。出土的动物骨骼有猪、羊、牛、狗等动物的牙齿及骨骼，并且在第三灰坑中发现了一块带孔残肩胛骨。

在红山后遗址，裴文中教授及其团队除了对 6 座石棺墓进行了清理工作和对 3 个灰坑进行了试掘外，还在地表进行了广泛的采集工作。在这些采集中，他们发现了大量的遗物，这些遗物包括陶器、石器和铜器等不同类别的文物。

3. 红山前 56：02·Ⅰ地点

红山前 56：02·Ⅰ地点位于红山前 56：02·Ⅱ地点的西部约 60 米处，该地点灰层较厚，在这个灰层中发现了一件陶鬲。陶鬲为夹砂灰陶，现存高度为 19.8 厘米，口径为 10 厘米，陶壁平均厚度为 1 厘米。陶鬲只保留了部分口沿和一条鬲足。其制作工艺采用了泥条盘筑法，表面装饰有附加堆纹和绳纹两种纹饰。在同一灰层中，考古学家还发现了一件钵形器的残片和几片夹砂红陶。这些夹砂红陶片与红山后北大沟住地灰坑中出土的陶片在材质和风格上非常相似，因此可以推断这两处遗址之间存在着紧密的联系。

4. 红山前 56：02·Ⅲ地点

红山前 56：02·Ⅲ地点位于红山前 56：02·Ⅰ地点西北约 30 米的一个断面上，断面上有一层较薄的灰层。通过对灰层中包

含的文化遗物进行分析，可将其划分为两个不同的时期。一部分遗物在风格和特征上与战国时期的遗物较为接近，另一部分则与汉代遗物相似。

在红山前56：02·Ⅲ地点的灰层中，考古学家发现与战国时期文化遗物相似的遗物有"鱼骨盆"陶器口缘碎块和1件盆形器。这些遗物的发现表明，该地点在战国时期可能有着较为活跃的文化活动。此外，在附近的地表采集到的陶片中，有几块陶器残块与灰层中的"鱼骨盆"陶器口缘残块在风格和特征上相似。考古学家还采集到了3件器物的口缘部分，这些口缘部分分别属于盆和瓮等类型的器物。这些地表采集到的遗物与中原地区战国时期遗址中出土的遗物在形态上极为相似。

在灰层中，考古学家发现与汉代文化遗物相似的遗物有瓮口缘碎片，在地表上也采集到了大量具有汉代特色的陶器，包括泥质红陶、夹砂褐陶。此外，还发现了石器和筒形串珠。

根据目前的研究和考古发现，红山前56：02·Ⅲ地点出土的文物显示了不同历史时期的文化特征。这可能是由于后期的干扰和破坏，导致原有灰层被重新堆积和混合。

此次考古活动取得了显著成果，为红山文化的深入研究提供了大量珍贵的实物资料。此外，通过对《赤峰红山后：热河省赤峰红山后史前遗迹》一书的重新审视，考古专家对其中的一些错误结论进行了必要的纠正。

裴文中（1904—1982）：中国考古学家、古人类学家。北京人第一个完整头盖骨化石的发现者、中国古人类学的主要创始人。字明华。河北丰润（今唐山市丰润区）人。1927年毕业于北京大

学地质系，后参加周口店遗址的发掘。曾留学法国学习旧石器时代考古学，1937 年获巴黎大学博士学位。归国后，先后在中国地质调查所新生代研究室、北京大学、燕京大学、中法大学、文化部文物局、中国科学院古脊椎动物与古人类研究所任职或任教。1955 年任中国科学院生物学地学部委员。曾任中国考古学会第一届理事会副理事长。毕生从事古人类学、旧石器考古学、第四纪哺乳动物学、第四纪地层学的研究，为这些学科的发展奠定了基础。多年主持周口店的发掘工作，曾在山西、陕西、广西等 10 余个省区进行地质学、古生物学和考古学调查。代表著作有《周口店洞穴层采掘记》《周口店山顶洞之文化》《中国史前时期之研究》《中国猿人石器研究》（合著）等。[1]

（二）西水泉遗址

西水泉村位于赤峰市，坐落于召苏河岸的山岗东侧坡地。西水泉遗址位于西水泉村西侧的山岗斜坡之上，其地表散布着众多的石器和陶片。1963 年的考古发掘工作集中在三个地点，其中两个地点位于黄土耕地之中，这两个地点的灰土层成片分布，发掘的遗迹以居住址为主。

西水泉遗址的揭露面积为 774 平方米。该遗址主要展示了红山文化时期的文化层堆积。在地表采集的遗物中，除了红山文化时期的遗物外，还包括一些夏家店下层文化时期甚至更晚时期的

1　参见王巍：《中国考古学大辞典》，上海辞书出版社 2014 年版。

遗物。遗址中还发现了一处夏家店下层文化时期的灰坑。在对三个地点的浮沙和野生植被进行清理后，考古学家发现了多处灰坑。通过对这些灰坑内包含物的分析，可以推断原有的文化层受到了破坏，这些灰坑并非人为挖掘，而是由于灰土在原有低洼地区自然积累形成的。

第Ⅰ地点位于西水泉遗址的南部，挖掘面积为323平方米。该地点的地层分为上下两层：第一层出土的遗物包括红山文化遗物和辽代陶片；第二层地层厚10～65厘米，出土的遗物主要是石器和陶器，同时发现了残破的烧土面，这些遗迹均属于红山文化时期。

第Ⅱ地点位于西水泉遗址的西部，挖掘面积为50平方米。该地点的第一层为褐色淤土，地层厚5厘米，出土的遗物为红山文化时期遗物和辽代陶片；第二层为灰色土，地层厚20～30厘米，属于红山文化时期。

第Ⅲ地点位于西水泉遗址的北部，挖掘面积为401平方米。第一层土质为灰黄色耕土，地层厚20～30厘米，出土的遗物涵盖了红山文化时期、夏家店下层文化时期以及辽代的遗物。此外，还发现了一个夏家店下层文化的灰坑和两座晚期墓葬。第二层为灰色土，发现了红山文化的居住址。值得注意的是，第一层中的夏家店下层文化时期的灰坑和晚期墓葬破坏了第二层红山文化时期的堆积层。在第Ⅲ地点，考古学家发现了三座半地穴式居住址，编号分别为F13、F17和F18。这三座房址的平面布局大致呈方形。其中F17最为宽敞，面积约100平方米；F13和F18则相对较小，面积约10平方米。三座房址均保存较差，F18只剩下部分灶坑。F13房址的平面布局接近正方形。在居住面上，考古学家发现了一个瓢形灶，其坑口与居住面处于同一水平线上。灶坑的坑壁被草拌泥覆盖，并用一块长方形石磨盘补砌。此外，灶坑的东壁设有一个斜坡状的火道，灶坑内部堆积白色灰烬。F17 房址的平面布局接近长方形。房址中央同样设有一个瓢形灶，坑壁上也涂抹了草拌泥。灶坑的南壁有一个斜坡火道，灶坑内堆积白色灰烬。靠近北壁居住面有一个椭圆形烧坑，坑内堆积白色灰烬。位于南壁中间向外凸出的斜坡很可能是房址的入口，东、西两壁也有向外凸出的地方。

该遗址共发掘石器 278 件，其中有细石器 221 件、磨制石器和打制石器 57 件。细石器有石片、石刃、石锥、刮削器、石镞等，还发现了石核和石珠。发现的细石器多数是复合工具做刃用的细条石片，少数是三角形石镞、刮削器等。磨制石器有石斧、石锛、石凿、桂叶形双孔石刀和掘土工具，还有石磨盘、石磨棒等，其中桂叶形双孔石刀和掘土工具最具特色。从掘土工具的磨损程度来看，其明显是用于土地耕作的工具。

陶器的制作工艺多为手制，主要有泥质陶和夹砂陶两种材质。泥质陶数量较多，器型规整，烧制火候高，陶质坚硬，器表光滑，陶色以灰色和红色为主，偶尔可见黑灰色和红褐色。泥质陶的器型主要有钵、瓮、罐等，其中钵的数量最多。泥质陶多素面，少数的瓮、罐里有刮削纹，个别陶器有篦点纹或压印纵"之"字纹。部分泥质陶上面有彩绘，纹饰主要有平行线纹、涡纹、菱形纹、垂鳞纹等。夹砂陶烧制火候较泥质陶低，夹砂多、砂粒大，器表粗糙，陶色以褐色为主。纹饰有压印横"之"字纹、压划纹、篦点纹、压印纵"之"字纹等。夹砂陶罐底部多印有编织物痕迹。

除了发现石器和陶器以外，还发现了 5 件陶纺轮、1 件人形塑

像、1 件骨饰、5 件陶锥状器、4 件陶环、28 件蚌器等。[1]

西水泉遗址的发掘是中华人民共和国成立以来规模较大的红山文化遗存的科学发掘工作。通过对地层进行分析，学界得出了有力的证据，表明红山文化在西拉木伦河流域南北属于相对年代较早的一种原始文化，富河文化和夏家店下层文化在时间上要晚于红山文化。

（三）蜘蛛山遗址

蜘蛛山遗址位于赤峰市市区北部边缘。中华人民共和国成立以前，我国考古学家佟柱臣先生来这里做过考古调查。自 1959 年以来，中国社科院考古研究所内蒙古工作队也多次来这里进行考古调查。徐光冀、赵信、杨国忠、安德厚、郑文兰等学者于 1963 年夏对蜘蛛山遗址进行了考古发掘。通过发掘结果判断，蜘蛛山遗址主要包含了四种文化，这四种文化分别是：红山文化、夏家店下层文化、夏家店上层文化、战国至汉初时期的文化。

在红山文化时期的文化层中，没有发现明显的居住遗址或其他遗迹，出土的遗物相对较少，仅陶片一种。同时，在夏家店下层文化堆积中，也发现了一些具有红山文化时期特征的陶片。

红山文化层中发现的陶片主要有泥质红陶、夹砂粗陶和泥质灰陶三种材质。其中泥质红陶数量最多，其烧造火候较高，陶质细腻且坚硬，颜色较为均匀，陶器表面大多被磨光。夹砂粗陶烧造火候低，陶质疏松，砂粒较大，颜色不纯。数量最少的是泥质灰陶，其烧造火候较高，陶质坚硬，陶色均匀。

陶器纹饰主要有压纹、划纹、附加堆纹和彩绘。压纹主要有

1　中国社会科学院考古研究所内蒙古工作队："赤峰西水泉红山文化遗址"，载《考古学报》1982 年第 2 期。

横"之"字纹和竖"之"字纹。压纹一般压印在夹砂陶器的腹部，也有饰于泥质陶器之上的，还有一部分夹砂陶器的口部饰有指甲压纹。划纹多饰于夹砂陶器的口部和腹部。附加堆纹只饰于夹砂陶器的口部，与指甲纹并用。彩绘多为黑彩，还有一小部分为紫彩，多施于泥质红陶的口、腹部。此外，夹砂陶底部还饰有席纹。

陶器的制作工艺均采用手制。陶质不同，制作器型也不相同，意味着不同陶质的器物，其用途也不同。

蜘蛛山遗址的考古发掘取得了重要成果，这次发掘是赤峰地区首次揭示红山文化、夏家店下层文化、夏家店上层文化、战国至汉初时期的文化四种不同文化层的叠压关系，为明确这些文化的地层位置和年代序列提供了确凿的证据。蜘蛛山遗址的发现表明，这四种文化各自具有独有的特征，代表了赤峰地区从新石器时代到青铜时代，再到早期铁器时代文化的相对年代序列。

（四）三道湾子遗址

三道湾子遗址位于赤峰市敖汉旗老哈河东岸的台地上，遗址的地表分布着红山文化、夏家店下层文化和战国时期的遗物。该遗址早期文化层较薄，且被后期文化堆积所破坏。考古专家只对红山文化时期的一个灰坑进行了清理。这个灰坑的坑口暴露于地表，平面呈椭圆形，口大底小，坑壁倾斜。坑口长2米、宽1米、深1.5米，底径0.8～1米。坑内堆积黑灰色土，包含遗物种类相对单一，除1件石磨盘和1件石叶石器外，其余全部都是红山文化时期的陶片。

在考古发掘中，三道湾子遗址出土的陶器主要有泥质陶和夹砂陶两种材质。其中，彩陶的数量最多，其次是泥质红陶，泥质

灰陶和夹砂陶的数量较少。泥质陶由于其较高的烧制火候，通常具有细腻的质地，但有时会出现颜色不均匀的现象。这种现象可能是由于在烧制过程中，几件陶器叠放在一起，导致氧化过程不均匀所致。彩陶均为红地黑彩，图案在烧制前就已经绘制完成。出土的陶器器型多样，包括陶钵、陶碗、陶盆、陶罐等。陶器纹饰主要有典型的"之"字纹、蝌蚪形斜线纹、勾叶纹、菱形纹、平行线纹、垂帘纹等。这些纹饰不仅在单一器物上出现，有时还会结合使用，形成独特的装饰效果。不同器物的纹饰在长度、密度和粗细上也各有差异，展现出丰富的变化和特色。[1]

（五）四棱山遗址

四棱山遗址位于赤峰市敖汉旗白斯朗营子村南四棱山下，这里的地貌特征为连绵的沙丘地带，沙丘间的低洼区域相对平坦，沙层较薄，覆盖在遗址上面的黄沙被大风刮走后，大片黑灰色的土层就暴露在地表之上，这层灰土中分布着新石器时代的遗址。遗址的地表上散落着许多遗物，包括陶片和石器，陶片主要有夹砂陶和泥质陶两种材质，器型有钵、罐、器座等，石器有磨谷器、石锄、石斧、细石器等。考古工作者在遗址处布置了5米×5米的探方共9个，包括扩展区域在内，总发掘面积接近300平方米。共发现6座窑址（编号为Y1～Y6），这些陶窑遗址位于黑灰色土层与黄色生土层的交界处，保存状况较好。根据陶窑窑室的构造特点，可以将它们分为以下三种不同的类型：

Ⅰ式：仅发现1座，以Y3窑址为代表。Y3窑址的形制为长方形单室窑，窑室和火膛直接挖在黄土上面，在窑室内发现2个

1　参见辽宁省博物馆、昭乌达盟文物工作站、敖汉旗文化馆："辽宁敖汉旗小河沿三种原始文化的发现"，载《文物》1977年第12期。

窑柱，在窑柱和窑壁上都加抹了一层草拌泥，其建筑形式比较原始。

Ⅱ式：共发现 3 座，包括 Y1、Y4、Y5 窑址。这些窑址的形制为马蹄形单室窑，其结构比Ⅲ式简单，又与Ⅰ式不同。以 Y1 窑址为代表。Y1 窑址由窑室、火道、火膛三部分组成。窑门至窑室的通道呈斜坡状，窑室用石块砌成，内壁涂抹了一层泥土，经过高温烧制后，泥土呈砖灰色。窑室内有 4 个窑柱，这些窑柱按照"十"字形排列，形成了火道。窑柱均用石块砌成，并在其四周涂抹了一层草拌泥，陶器可直接放在窑柱上进行烧制。

Ⅲ式：共发现 2 座，包括 Y2 和 Y6 窑址，以 Y6 窑址为代表。Y6 窑址为双火膛的连室窑，窑室平面呈长方形。整个窑的结构可以分为两个主要部分：前部为火膛，后部为窑室，其间通过一道隔梁分隔。斜坡状的火道从隔梁处延伸至窑室。窑室内有 8 个窑柱，窑壁与窑柱均为土石结构，里壁抹上一层草拌泥，两个火膛分别位于窑的两侧。通过与其他类型的窑址进行比较，可以发现Ⅲ式连室窑在技术上比单室窑更为先进。

在 6 座陶窑中出土了大量遗物，主要包括陶器、石器等。陶器的材质主要分为夹砂陶和泥质陶两大类，其中夹砂褐陶的数量最多，其次是泥质灰陶，泥质红陶相对较少，彩陶则较为罕见。陶器器型主要有陶罐、陶钵、陶盆、陶瓮、陶器座、陶器盖、陶斜口器、陶带流器、陶船形器等。陶器上的花纹主要有"之"字纹、弧线纹、篦点纹、划纹、绳纹、水波纹、锥刺纹、指甲纹、附加堆纹、弦纹、编织纹等。制陶工艺比较原始，均为手制。石器主要有石耜、石杵、石斧、石刀、石磨盘、石磨棒、细石器等。[1] 四棱山遗址出

1　辽宁省博物馆、昭乌达盟文物工作站、敖汉旗文化馆："辽宁敖汉旗小河沿三种原始文化的发现"，载《文物》1977 年第 12 期。

土的遗物在种类和数量上均比红山遗址更为丰富，有许多新器型是红山文化中所没有的，所以四棱山遗址是接近红山文化类型的遗存。

（六）三星他拉遗址

三星他拉村位于赤峰市翁牛特旗乌丹镇西北约 10 公里处。1971 年春，三星他拉村村民在村北山岗造林时挖出一件龙形玉器，即著名的碧玉 C 形龙。

在对三星他拉村北山岗的玉龙发现地及其周边区域进行系统勘查过程中，专家们采集到了丰富的遗物，其中包括大量具有红山文化特征的陶片和石器。这些陶片的材质主要分为两大类：夹砂陶和泥质陶。夹砂灰褐陶片的烧造火候相对较低，掺杂大石英颗粒，质地粗糙，纹饰为压印"之"字形篦纹，器型可能为罐类。泥质红陶片的烧造火候也不高，质地细腻，器型应为钵。彩陶片为泥质，红地黑彩，因磨损严重，纹饰大多已经不清晰。

石耜、石磨盘、石磨棒等石器残块均为磨制，石耜的主要材料为花岗岩，石磨盘、石磨棒的主要材料为砂岩。[1]

三、玉器的发现

自 1949 年以来，红山文化玉器的研究主要经历了三个重要阶段：

第一阶段：1971 年，在赤峰市翁牛特旗三星他拉村出土了一件红山文化时期的碧玉 C 形龙，这一发现不仅激发了学术界对红

---

[1] 参见贾鸿恩："内蒙古翁牛特旗三星他拉村发现玉龙"，载《文物》1984年第 6 期。

山文化玉器的浓厚兴趣，而且促进了对其文化性质的深入探讨。

第二阶段：在胡头沟、东山嘴、三官甸子等红山文化遗址中，玉器的系统性发现为明确其出土的具体层位提供了依据，同时，这些遗址的科学田野考古工作为红山文化玉器的深入研究奠定了坚实的基础。

第三阶段：辽宁省朝阳市牛河梁遗址，内蒙古赤峰市敖汉旗草帽山、林西县白音长汗等地的发掘，出土了大量红山文化时期的玉器和积石冢墓葬。这些发现使我们对红山文化玉器的种类、形制、出土位置等有了更为系统的认识。随着新的学术观点的不断涌现，学术界逐渐认识到，将红山文化玉器归属于商周时期或更晚时期的学术观点是错误的。

（一）红山文化 C 形玉龙

根据造型特征的差异及使用功能的不同，我们将红山文化玉器分成四大类，分别为几何类玉器、动物类玉器、生殖类玉器与工具类玉器。其中动物类玉器主要包括玉龙、玉凤、玉凤首、玉龙凤佩、玉鸟、玉鸮、玉龟、玉蚕蛹、玉蝈蝈、玉鱼、玉兽面牌饰等。三星他拉碧玉 C 形龙是红山文化玉器群中最具代表性的器类之一。目前所能确认出土地点的两件 C 形玉龙均出土于翁牛特旗境内，分别是 1971 年于三星他拉遗址采集到的曾被称为"中华第一龙"的碧玉 C 形龙与 1949 年于东拐棒沟遗址出土的黄玉 C 形龙。由于这两件 C 形玉龙均非科学考古发掘所获，对其文化性质和年代的认定学术界一直存在争议。

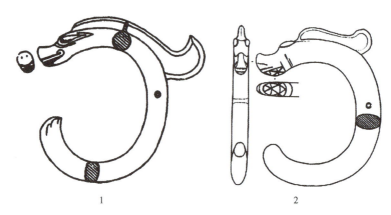

1—三星他拉遗址出土的碧玉 C 形龙；
2—东拐棒沟遗址出土的黄玉 C 形龙。

图 2-1　红山文化 C 形玉龙[1]

1. 碧玉 C 形龙

1971 年 8 月，在内蒙古赤峰市翁牛特旗的三星他拉村，村民张凤祥在村北的山岗上进行挖设鱼鳞坑的造林工作时，意外发现了一个看似人工开凿的石洞。洞口被一些石块所覆盖，他清除了这些石块后，在大约 50～60 厘米深的洞底发现了一个勾状器物。他将这件器物带回家中存放。直到 1973 年，他将其上交给了翁牛特旗文化馆。经过专家鉴定，确认这是一件珍贵的大型龙形玉器。这件玉器因其独特的历史价值和艺术价值，最终被收藏于中国国家博物馆。

1　参见刘国祥：《红山文化研究》，中国社会科学院研究生院博士学位论文，2015 年。

图 2-2　碧玉 C 形龙[1]

　　这件玉龙是由一整件墨绿色岫岩玉加工雕琢而成，高26厘米，重1千克，完整无缺。体卷曲，呈"C"字形。整体运用圆雕的手法刻划，细部运用浮雕、浅雕的手法表现。吻部前伸，略向上弯曲，嘴紧闭。鼻端截平，上端边起锐利的棱线，端面近椭圆形，有对称双圆洞，为鼻孔。双眼突起呈梭形，前角圆而起棱，眼尾细长上翘。额及颚底皆刻细密的方格网状纹，网格凸起作规正的小菱形。

1　参见贾鸿恩："内蒙古翁牛特旗三星他拉村发现玉龙"，载《文物》1984年第6期。

颈脊起长鬣，长 21 厘米，占龙体的 1/3 以上。鬣呈扁薄片状，通磨出不显著的浅凹槽，边缘收成锐角似刃，弯曲上卷，末端尖锐。工艺原始，造型生动，周身圆润，雕琢精美。龙体伸曲刚劲有力，长鬣高扬，显得极有生气。龙体横截面略呈椭圆形，直径 2.3～2.9 厘米。龙尾内卷。龙背有对穿的单孔，孔外径 0.95 厘米，内径 0.3 厘米。以绳系孔悬挂，龙的头尾恰好处于同一水平线上。[1]

　　为了深入了解这件玉龙的历史背景和价值，翁牛特旗文化馆的考古团队多次对三星他拉村的玉龙出土现场进行了详尽的调查。三星他拉村位于赤峰市以北约百余公里处，具体位置在翁牛特旗乌丹镇西北大约 10 公里处。村北群山环绕，山南是一片开阔平缓的丘陵地，山下有季节性河沟。玉龙就出土在山南的半山坡上。在玉龙的出土区域内，考古团队采集到了多件属于红山文化时期的遗物，包括泥质红陶片和带有压印"之"字形篦纹的陶片。从出土点一直到山顶的区域，还发现了大量红山文化的遗物。采集到的遗物中有一些烧制火候不高的夹砂灰褐陶片，这类陶片在制作时掺有大石英颗粒，表面压印"之"字形篦纹。根据残片的弧度分析，推测其原器形可能为罐类。此外，还出土了一些烧制火候不高的泥质红陶片，这些陶片质地细腻，根据可辨认的器形特征，归类为钵类。彩陶类器物仅出土了一些泥质彩陶片，上面绘有黑色纹饰。因磨损，图案多已不清。同时，还出土了一些石铝、石磨盘、石磨棒的残块，石铝残块的材质为花岗岩，石磨盘、石磨棒残块的材质为砂岩。[2]

　　1　参见贾鸿恩："内蒙古翁牛特旗三星他拉村发现玉龙"，载《文物》1984年第 6 期。

　　2　参见贾鸿恩："内蒙古翁牛特旗三星他拉村发现玉龙"，载《文物》1984年第 6 期。

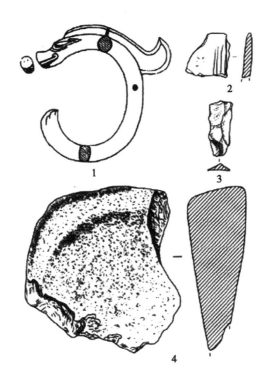

1—玉龙；2—陶器口沿（11MWSS—45：
采1）；3—石叶（11MWSS—45：采4）；
4—磨盘（11MWSS—45：采3）。

图 2-3　三星他拉遗址出土的遗物[1]

2. 黄玉 C 形龙

在 1949 年春季，内蒙古赤峰市翁牛特旗乌丹镇新地村的村民
马忠信在距离家 3 公里远的东拐棒沟开荒时，偶然发现了一块形
状类似马蹄铁的器物，便将其带回家中保存。直到 1978 年春季，

1　刘国祥：《红山文化研究》，中国社会科学院研究生院博士学位论文，2015 年。

马忠信的妻子生病，儿子马金海为了筹集治疗费用，委托村民马跃将这块黄玉龙卖给了皮毛商人李井荣。此后，这件器物便一直存放在李井荣家中。

到了 1987 年，李井荣带着黄玉龙拜访其亲戚孙平，孙平在翁牛特旗人民法院工作。孙平一见黄玉龙，便觉得它与三星他拉遗址出土的碧玉龙颇为相似，可能是一件重要的文物。于是，他与李井荣前往翁牛特旗博物馆，向馆长贾鸿恩请教。贾鸿恩对黄玉龙进行了初步鉴定，并将其留作进一步研究。贾鸿恩随后前往北京，与中国社会科学院考古研究所的苏秉琦先生和刘观民先生进行了深入讨论。两位专家一致认为，黄玉龙是红山文化时期的遗物，其学术价值极高，堪比三星他拉遗址出土的碧玉龙。刘观民先生负责撰写了鉴定意见，并建议在黄玉龙的出土地进行进一步的考古调查。贾鸿恩回到翁牛特旗后，向李井荣和孙平说明了黄玉龙的重要性，在旗主管领导的批准下，黄玉龙正式成为翁牛特旗博物馆的藏品。

自 2008 年 8 月以来，由翁牛特旗文化局局长高明林、副局长王立柱，旗博物馆馆长庞昊，旗政协文史委主任吴甲才组成的调查组，克服重重困难，对黄玉龙出土后的主要经手人进行了逐一访察，并拍摄了录像，线索清晰，结论可信。[1]

这件玉龙长 16.8 厘米，宽 2.8 厘米，鬣长 7.5 厘米，由黄玉制成，局部有黄褐色沁，圆雕，龙身蜷曲呈"C"形，头部吻、眼、鬣呈三个流畅的阶梯状。玉龙鬣部较短，施宽浅的瓦沟纹；中间略凹，边缘磨成圆钝的刃状；鬣尾上扬而尾尖圆收。眼部凸起呈长椭圆形，鼻孔以两条短斜线表示，横向细阴线表示嘴部，嘴部

1　刘国祥："'中华第一龙'C 形玉龙文化血脉揭秘"，载《中国社会科学报》2010 年 12 月 2 日。

的刻画不如三星他拉遗址出土的玉龙精致。额部阴线刻三角形网格纹，躯干中部对钻一孔。

2010 年 10 月 28—31 日，中国社会科学院考古研究所内蒙古第一工作队联合翁牛特旗文化局、旗博物馆，对东拐棒沟及其周边遗址进行了调查。东拐棒沟自然村位于翁牛特旗政府所在地乌丹镇西南约 20 公里处，遗址坐落于村南约 1 公里的坡地上，距离少郎河约 2 公里。该地区南侧被群山环绕，西侧为丘陵地带，北侧地势开阔平坦，东侧则有一条当地人称为"东大沟"的长冲沟。沟底有一条季节性河流，由南向北流入少郎河。遗址总面积约为 3 万平方米。在地表采集到的红山文化时期的夹砂灰褐色陶片和石磨盘残块表明，东拐棒沟遗址很可能是一处文化内涵较单纯的红山文化遗址。[1]关于出土的两件 C 形玉龙，经过多年的学术研究和考证，初步推断其属于红山文化时期。黄玉 C 形龙与商周时期的玉龙在造型和雕琢技法上存在明显差异，其造型更为写实，雕琢技法相对简略，显示出较多的原始性。这件玉龙在风格和工艺上与出土的夏家店下层文化时期的玉器存在显著差异。目前所知，夏家店下层文化时期的玉器多为小型精致件，雕刻工艺精湛。从地理分布来看，翁牛特旗境内已发现的夏家店下层文化遗址主要集中在旗南部的老哈河及其支流沿岸地区。而在乌丹镇以北的地区，至今尚未有明确的夏家店下层文化遗址发现。此外，这件玉龙的出土地点位于红山文化的分布范围内，且正是在一个红山文化遗址中发现的。尽管目前尚未发现直接的地层证据来支持这一推断，但考虑到其与红山文化的密切联系，这件玉龙的年代和文

1　参见刘国祥："'中华第一龙'C 形玉龙文化血脉揭秘"，载《中国社会科学报》2010 年 12 月 2 日。

化归属问题值得进一步研究。[1]

由于这两件玉龙均不属于发掘品,一直以来,对它们的所属年代颇有争议。但是这两件玉龙的发现证明这类玉器并不是孤例,其代表的应当是当时一种重要的文化传统。[2]

1984 年,孙守道先生发表《三星他拉红山文化玉龙考》一文,考证三星他拉玉龙为红山文化遗存,年代不会晚于距今 5000 年。该文的发表,拉开了我国从考古学角度探索中华 5000 年前龙文化遗存的序幕。据此他进一步提出:"以红山文化龙形象的出现为标志,我们在五千多年前辽河流域的历史源头上,看到了这一地区文明时代的曙光。"[3]

2008 年,朱乃诚先生发表《三星他拉与龙的年代》一文,认为三星他拉玉龙颈脊部位飘逸的长鬣的特征,目前在早于二里头文化的"龙"遗存中尚未见到,而在二里头文化的"龙"遗存中有类似的风格。"从三星他拉玉龙首部的长吻、梭形眼的特征,尤其是飘逸的鬣的特征见于二里头文化的现象分析,三星他拉玉龙的年代应与二里头文化的接近。而在辽西地区,与二里头文化年代接近的是夏家店下层文化,所以推测三星他拉玉龙的年代应是在夏家店下层文化时期,在公元前 2000 年~前 1500 年之间。并非红山文化玉器。"[4]

同年,张星德先生在《海金山遗址勾形玉器引发的思考——三星他拉式玉龙年代与文化属性考察》一文中提出疑问:"简单

1　参见贾鸿恩:"内蒙古翁牛特旗三星他拉村发现玉龙",载《文物》1984年第 6 期。

2　参见范杰:《红山文化龙纹玉器研究》,辽宁师范大学硕士学位论文,2018 年。

3　孙守道:"三星他拉红山文化玉龙考",载《文物》1984 年第 6 期。

4　朱乃诚:"三星他拉与龙的年代",载《中国文物报》2008 年 2 月 1 日。

地将三星他拉玉龙的年代及文化属性定在距今 5000 年左右的红山文化，是有可商榷余地的。它们究竟是否具有相同的来源，年代与文化属性是否一致？"[1] 张星德先生通过对海金山遗址勾形玉器与三星他拉玉龙的形制特征进行比较，发现了它们有着相似之处。这表明两种玉器在技术手段和加工工艺上具有较高的一致性，从而推测它们的制作年代可能相近。根据海金山遗址报告中公布的所有有图可查的器形及文字描述所体现的文化特征，将海金山遗址及其出土玉器的年代初步定为红山文化早期是合理的。因此，考虑到三星他拉玉龙与海金山遗址勾形玉器具有相同的特征，将其年代定为红山文化早期阶段也是较为恰当的。

2010 年，刘国祥先生在《"中华第一龙"C 形玉龙文化血脉揭秘》一文中指出：

第一，两件玉龙的出土地点三星他拉和东拐棒沟经考古调查确认为文化内涵较单纯的红山文化遗址，由此可以断定两件 C 形玉龙均应属于红山文化时期的遗物。

第二，三星他拉和东拐棒沟遗址自然破坏较重，不具备考古发掘价值，地表采集的碎小陶片难以分出期别。从第三次文物普查的资料看，翁牛特旗中部，尤其是少郎河流域，分布有密集的红山文化遗址群，以红山文化早中期为主，一方面证实 C 形玉龙的出土地点并非孤立的红山文化遗址，另一方面可以推断两件 C 形玉龙属于红山文化早中期的可能性较大，其年代下限不晚于距今 5500 年。

第三，从 C 形玉龙的造型特征看，与红山文化玉猪龙明显有别。在缺乏考古地层依据和准确断代的前提下，排列红山文化 C 形玉

1　张星德："海金山遗址勾形玉器引发的思考——三星他拉式玉龙年代与文化属性考察"，载《文博》2008 年第 2 期。

龙、玉猪龙的形态演变均不具科学意义，甚至会适得其反。目前所知，玉猪龙的年代主要属于红山文化晚期，C形玉龙的年代可能属于红山文化早中期。玉猪龙和C形玉龙不但属于两种不同造型的器类，而且C形玉龙出现的年代可能要早于玉猪龙，在今后红山文化玉器研究中应予以谨慎对待。

第四，从玉器雕琢工艺的风格看，C形玉龙具有红山文化玉器的典型特征。碧玉龙通高26厘米，黄玉龙通高16.8厘米，在红山文化玉器中均属较大的器类。碧玉龙和黄玉龙的造型独特，雕琢工艺精湛，是红山文化玉器群中的上乘之作，应由专业匠人为满足特殊的社会需求精心雕琢而成。

第五，从本地区雕琢和使用玉器的传统看，作为红山文化的重要源头，兴隆洼文化时期有一种条状弯弧形器；在小山遗址出土的赵宝沟文化陶器上发现有成组的C形刻划纹饰，这些因素均可作为在本地区探寻C形玉龙造型来源的重要线索。红山文化C形玉龙的出现应与本地区崇拜及神化鹿和野猪的文化传统有密切的关系，其根源可归结为狩猎经济在红山文化中始终占据十分重要的地位。[1]

苏秉琦（1909—1997）：中国考古学家，中华人民共和国考古事业的指导者和大学考古学教育的创始人之一。河北高阳人。1934年毕业于北平师范大学历史系。先后在北平研究院史学研究所、中国科学院考古研究所（1977年改属中国社会科学院）

---

1 参见刘国祥："'中华第一龙'C形玉龙文化血脉揭秘"，载《中国社会科学报》2010年12月2日。

任职。1952—1982年主持北京大学历史系考古专业教学工作。中国考古学会第一届、第二届理事会副理事长，第二届、第三届理事会理事长。注重田野考古调查与发掘工作，参加与主持的宝鸡斗鸡台沟东区墓葬、洛阳中州路（西工段）沿线的发掘及相关研究，以及开创的考古学文化区系类型理论、对中国文明起源的研究等成果，在学术界有广泛的影响，为中国考古学的发展做出了重要贡献。主要著作有《瓦鬲之研究》《中国文明起源新探》等，其创作的论文收录在《苏秉琦考古学论述选集》《华人·龙的传人·中国人——考古寻根记》《苏秉琦文集》中。[1]

刘国祥（1968— ）：中国考古学家。内蒙古赤峰市人。1990年毕业于北京大学考古学系。自1990年起，刘国祥一直在中国社会科学院考古研究所工作，2008年晋升为研究员，并曾担任该所的党委委员、科研处负责人，内蒙古第一工作队队长，博士生导师，中国玉文化名家论坛总召集人。主要研究方向为东北地区新石器时代考古学、北方草原青铜文化、中国古代玉器。主要著作有《东北文物考古论集》《中国出土玉器全集》（全集副主编及东北分卷主编）、《红山文化研究：2004赤峰红山文化国际学术研讨会论文集》（主编）、《海拉尔谢尔塔拉墓地》（主编）、《名家论玉》（第一、第二、第三卷主编）等。

1　参见王巍：《中国考古学大辞典》，上海辞书出版社2014年版。

（二）玉料来源与制作方法

红山文化玉器的玉料来源一直是该领域研究的重点课题。玉料主要分为三大类：透闪石玉料、蛇纹岩以及数量较少的绿松石或巴林石。关于红山文化玉器的玉料来源，学界有几种不同的观点。一种观点认为玉料可能来源于医巫闾山，这一看法部分基于古代文献《尔雅·释地》中的记载："东方之美者，有医无闾之珣玗琪焉。"还有《尚书·顾命》中的"夷玉"之说。《说文解字》将这两处记载联系起来，认为岫岩闪石玉即古代所称的珣玗琪。另一种观点则认为玉料产自岫岩，因为岫岩玉矿曾发现透闪石玉矿，且其颜色和外形特征与红山文化玉器相似。郭大顺先生提出了另一种看法，他根据贝加尔湖地区盛产的透闪石软玉的质地和色泽以及红山文化向北部蒙古高原的分布特点，推测红山文化玉料可能与贝加尔湖地区有关。2013年，内蒙古地质专业人员对赤峰市敖汉旗的透闪石玉和蛇纹石玉进行了地质环境调查，包括矿脉、矿点分布，矿体形态、产状、规模以及矿石成分和质量。在敖汉旗金厂沟梁杨家湾子、贝子府王家营子一带，发现了多处透闪石和蛇纹石岩石的原生露头和崩积、坡积转石，其中大部分已达到玉石标准。通过地质调查、岩石化学分析、岩矿鉴定、电子探针分析和 X 射线粉晶衍射分析等多种测试分析，初步确认这些岩石（玉石）可分别称为透闪石玉和蛇纹石玉。这些发现为研究红山文化玉器，特别是 C 形玉龙的玉料来源，提供了新的线索和研究方向。[1]

在制作工艺方面，经鉴定，两件玉龙均是通过手工使用砺石、水和解玉砂进行研磨的方法制成的。东拐棒沟玉龙的长鬣比三星

1　参见刘国祥："'中华第一龙'C 形玉龙文化血脉揭秘"，载《中国社会科学报》2010 年 12 月 2 日。

他拉玉龙的勾形长鬣短小，这种差异可能主要是由于玉料的规格限制所致。在东拐棒沟玉龙长鬣的靠后方位置，可以看到一些敲打的痕迹，这里很可能已是相当接近石皮的位置。因此，东拐棒沟玉龙的玉料形态限制了制作更长勾形长鬣的可能性。

玉龙的身体外侧能够明显看出手工磨制的一系列小平面构成的圆弧弯曲，接触部位打磨得非常光滑；玉龙的头部呈横长体，长吻部位于龙眼前方。眼的周沿有沟状平台边缘，使双眼的轮廓更加清晰，两眼之间保存有大量由砺石前后运动造成的研磨痕迹。眼与面颊间有细微起伏的塑形，使眼与面颊更传神逼真。这种眼部与面颊的加工技术与牛河梁玉人的眼部和面颊的加工技术基本一致。玉龙吻部呈内弯弧状，吻前鼻、嘴裂均以刻划切割痕表示。在鼻与颚间刻画明显之龙嘴部分。颚底与额部刻有网状纹。[1]

红山文化玉器的钻孔工艺主要包括双面钻、单面钻、倾斜对钻等方式。双面钻的孔洞呈葫芦形，其特点是两边较宽而中间较窄，形成不规则的形态；单面钻的孔洞呈喇叭形；倾斜对钻俗称"牛鼻穿"，因钻孔形态类似牛的鼻孔而得名，其特点是从斜向上对穿两个孔。无论采用哪种钻孔方式，孔洞的边缘通常不是很规则，保留了钻孔过程中的痕迹。特别是在玉龙脊背处的对钻工艺中，仔细观察可以发现孔内管钻对钻打孔连通时留下的接触台面，古朴自然，不失韵味。[2]

---

1 参见张星德："海金山遗址勾形玉器引发的思考——三星他拉式玉龙年代与文化属性考察"，载《文博》2008年第2期。

2 参见沙大禹："再论红山文化玉器的形制与特征"，载《东方收藏》2021年第5期。

郭大顺（1938— ）：中国考古学家。河北省张家口市人。1965年北京大学历史系考古专业研究生毕业，1968年到辽宁省博物馆工作，1986年任辽宁省文物考古研究所所长，1990年任辽宁省文物考古研究所名誉所长。中国考古学会第三届理事会理事，第四、五届理事会常务理事。主要研究领域为北方地区新石器时代和青铜时代考古。主要著作有《东北亚考古学研究——中日合作研究报告书》（主编）、《大南沟——后红山文化墓地发掘报告》（定稿人）、《追寻五帝》《东北文化与幽燕文明》（合著）、《红山文化》等。[1]

（三）胡头沟红山文化墓葬

胡头沟红山文化墓葬位于辽宁省阜新蒙古族自治县胡头沟村，是首次确认的红山文化玉器墓。1973年夏，阜新蒙古族自治县化石戈公社台吉营子大队胡头沟村村民，在村西南约2公里处的牤牛河东岸断崖上，偶然发现了一座被河水冲蚀的石棺墓，并从中取出多件玉器。同年7月，辽宁省阜新市文化局联合辽宁省博物馆文物队对该墓地进行了发掘，清理出2座编号分别为73M1和73M3的红山文化玉器墓，共出土玉器18件。此次发掘还揭露出一个大型石围圈和一系列排列有序的彩陶筒形器。在南侧，考古队还清理出了另一座随葬有玉器的多室石棺墓。1993年10月底，该墓葬遭到破坏，辽宁省博物馆文物队迅速响应，再次赶赴现场进行了紧急调查和发掘。在这次发掘中，新发现了2座红山文化墓葬，并出土了1件残

1　参见王巍：《中国考古学大辞典》，上海辞书出版社2014年版。

断的玉环。此外，考古队还清理出了东围墙的南北残段，长约32.75米。在墙外侧竖置了一排无底筒形器，共67件，仅存底圈，部分筒形器与1973年发现的11件筒形器位于同一行，共计78件。[1]

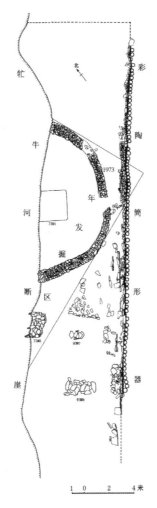

图2-4　胡头沟红山文化墓葬平面图[2]

1　参见方殿春、刘葆华："辽宁阜新县胡头沟红山文化玉器墓的发现"，载《文物》1984年第6期。

2　参见方殿春、刘葆华："辽宁阜新县胡头沟红山文化玉器墓的发现"，载《文物》1984年第6期。

　　根据发掘报告，胡头沟红山文化墓葬位于大凌河支流牤牛河东岸的一个圆形土丘上，土丘顶部相对现河床高出约 25 米。墓地主要由一座中心大墓和若干小型墓葬构成，中心大墓外围设有石围圈，石围圈的外侧是石墙，石墙外竖立一排无底筒形器。墓地的整体布局呈现出南北方向的进深大于东西方向的面宽，东西阔约 15 米，南北进深约 35 米。发掘红山文化时期的墓葬 4 座，包括 1 座编号为 73M1 的中心大墓和 3 座编号分别为 73M3、93M7、93M6 的小型墓葬。小型墓葬均位于中心大墓的南侧，均为积石冢石棺墓。[1]

　　胡头沟红山文化墓葬所在土丘的土质为含沙质的黑土，黑土以上覆盖着一层厚约 50 厘米的风积黄土，黑土以下为原生黄土。黑土层在土丘顶部，即墓地中心区域最为厚重，平均厚度约为 2.8 米；向两侧逐渐变薄，平均厚度约为 2.5 米。黑土层内部可以进一步细分为两层：表层含有较多的石片和泥质红陶片，底层则未发现任何遗物。在近表层处的大石围圈附近和墓地南侧一段长约 5 米的范围内，布满泥质红陶碎片并夹碎石片。石围圈和石圈下压的彩陶筒形器群都埋于黑土层中。

　　中心大墓 73M1 发掘于 1973 年 7 月。该墓葬位于石围圈的中心部位下方，墓底距离地表深度达 4.5 米，是整个墓地中最深的墓葬。打破生土层。墓圹上口被晚期墓扰乱，圹线有一段不清。石棺为长方形，以薄石板铺底并作顶盖，用较厚的石板砌壁。石棺内壁宽 57 厘米，壁高 45 厘米。由于靠近断崖的西壁部分已经残缺，石棺的完整长度无法确定。在墓南侧坑壁有生土台阶，墓外围有近圆形的石墙，用石块围绕丘顶砌筑，略呈圆形。西半部

1　参见方殿春、刘葆华："辽宁阜新县胡头沟红山文化玉器墓的发现"，载《文物》1984 年第 6 期。

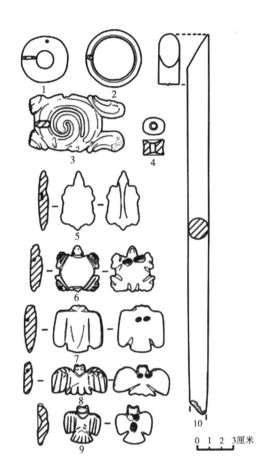

1—玉璧；2—玉环；3—勾云形玉佩；4—
玉珠；5、6—玉龟；7—玉鸟；8、9—玉鸮；
10—棒形器。

图 2-5　胡头沟红山文化墓葬 73M1 出土的玉器[1]

已被河水冲毁，现存的东半部南北长 13.5 米，宽 0.5～1.1 米。
墓主人仰身直肢，头西足东。墓中的随葬品已被群众取出，随葬

1　参见方殿春、刘葆华："辽宁阜新县胡头沟红山文化玉器墓的发现"，载《文物》1984 年第 6 期。

位置不详。收集到玉器 15 件，包括勾云形佩饰 1 件、玉龟 2 件、玉鸮 2 件、玉鸟 1 件、玉璧 1 件、玉环 1 件、玉珠 3 枚、棒形玉 4 件。其中勾云形佩饰、玉鸟、玉璧、玉环、玉珠与棒形玉为乳白色，其表面均有腐蚀，边有残缺。[1]玉龟、玉鸮则为淡绿色。玉龟颈前伸，龟背近椭圆，无其他细部表现，腹面正中一竖脊，脊正中横穿一孔。玉鸟、玉鸮背部皆有横穿小孔。

　　小型墓葬 73M3 位于石围圈外侧 2.7 米处，其南北内壁间的宽度为 2.2 米，高度约为 0.4 米。墓葬的西壁已经残损，因此东西向的完整长度无法确定。73M3 是一座多室石棺墓，内部通过石板分隔成 5 个单室，从北至南分别编号为 1 号至 5 号。除一室似葬二人外，其余均葬一人。前三个单室内均葬有一成年人，除第三个单室内随葬 1 件鱼形坠外，前两个单室内无随葬品。第四个单室据推断为两人合葬，皆为成年人，随葬 1 件三联玉璧。最后一个单室内葬一未成年人，在其头骨附近随葬一件鱼形坠。[2]随葬的 3 件物品中，三联璧为淡绿色玉，形似三璧相连，自上而下依次增大，上端磨有系沟。两件鱼形坠由两种不同的材料构成，表层为绿松石，背层为一种黑色石皮。有鳍、尾，头部穿一孔成目。

　　1　参见方殿春、刘葆华："辽宁阜新县胡头沟红山文化玉器墓的发现"，载《文物》1984 年第 6 期。

　　2　参见方殿春、刘葆华："辽宁阜新县胡头沟红山文化玉器墓的发现"，载《文物》1984 年第 6 期。

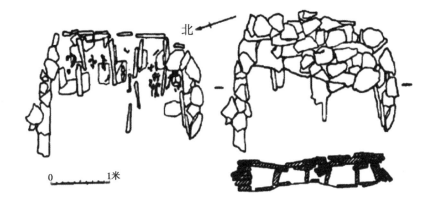

图 2-6　胡头沟红山文化墓葬 73M3 平面图与剖面图

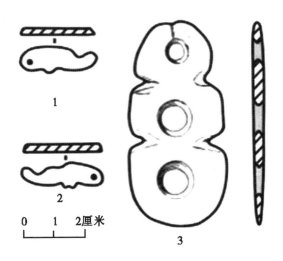

1、2—鱼形坠；3—三联玉璧。

图 2-7　胡头沟红山文化墓葬 73M3 出土的玉器[1]

1　参见方殿春、刘葆华："辽宁阜新县胡头沟红山文化玉器墓的发现"，载《文物》1984 年第 6 期。

1993 年发掘的 2 座小型墓葬 93M6、93M7 皆位于中心大墓 73M1 的南侧，与 73M5 相邻。93M6 与 93M7 皆为石块、石板墓室，方向 130°。石板封盖。内葬一人，尽管在墓室中未发现头部随葬品，但在墓间的扰土中发现玉环 1 件，黄白色，环已残断，近断端有钻孔。

石围圈用石块围绕丘顶砌筑，略呈圆形。西半部分已被河水冲毁，现存的东半部分南北长 13.5 米，面宽 0.5～1.1 米，用 2～5 层石块或石片砌成。石块一般长 35 厘米，宽 20 厘米，现存上部距地表深 20～70 厘米。石围圈东北部有一段超过 5 米长的区域呈现出内外两道石围的结构，两道石围相隔大约 1 米。在石围圈的下方普遍压有一层泥质红陶碎片，尤其是在围圈的外侧更为密集。东外侧还压一排彩陶筒形器。

胡头沟红山文化墓葬共出土彩陶筒形器 11 件，悬压在石围圈东外侧下面，皆立置，依石墙略呈弧形。[1] 筒形器筒口皆残，残口上都覆盖 1～3 层薄石板，有的器内放河卵石一二块。石围圈其余地段下压的泥质红陶片几乎全是筒形器的碎片。筒形器都为泥质红陶，手制，壁较厚，外壁经刮削和压光，内壁略加抹平修整。形制基本相同，为直筒状，厚圆唇，折沿或卷沿，中腹外凸，无底，内底缘有一圈切削痕迹。个别器的腹下部有小穿孔。皆有纹饰，局部绘黑彩。纹饰和彩绘都布置在器身的半个面上，另半面光素无纹，其间画竖线为界。口沿下的纹饰以压印的平行条纹带为主，还有斜平行线纹、网格纹和勾连涡纹。黑彩绘于其下，图案有勾连涡纹带、垂环形带和平行宽带等。[2]

1　参见方殿春、刘葆华："辽宁阜新县胡头沟红山文化玉器墓的发现"，载《文物》1984 年第 6 期。

2　方殿春、刘晓鸿："辽宁阜新县胡头沟红山文化积石冢的再一次调查与发掘"，载《北方文物》2005 年第 2 期。

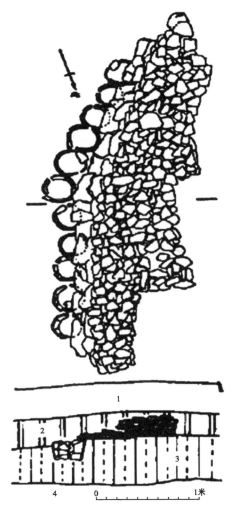

1—表层土；2—黑土表层；

3—黑土底层；4—生土层。

图 2-8　胡头沟红山文化墓葬彩陶筒形器出土情况

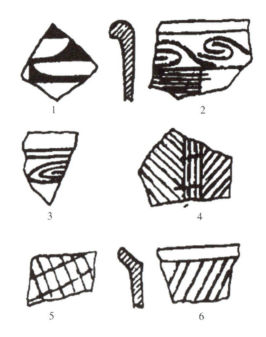

1、3—黑彩；2、4、5、6—压印纹。

图 2-9　胡头沟红山文化墓葬出土的彩陶筒形器纹饰

　　现场地层的土色变化表明，积石冢在最初建造时可能设有北围墙，但现在已经遭到破坏。目前，在这一区域范围内，仍然可以发现大量散落的彩陶筒形器残片和散乱的石块。然而，没有发现表明存在南墙的迹象。此外，在南侧小型墓葬分布的区域内，同样没有发现用于封闭墓葬的石块。根据中心大墓的位置和尺寸，可以推测这个积石冢大致为一个东西面宽约 15 米、南北进深约 35 米的长方形结构。积石冢的东面、北面和西面有三级围墙，在围墙的外侧摆放了一排彩陶筒形器，这些筒形器上带有彩陶纹饰的一面统一朝向外面。积石冢的中心位置为中心大墓，其南侧扩壁上设置生土台阶。在中心大墓的四周有一道近圆形的石墙。中心大墓的南侧则集中分布着3座小型墓葬。据推测，在中心大墓与南侧小墓之间可能有一道东西走向的隔墙。

通过对胡头沟红山文化墓葬现存遗迹的考察与分析，我们可以得出以下结论：

1. 赤峰红山后第二住地发现的1件彩陶残器，为短沿、深直腹，绘带状勾连涡纹，报告中将其复原为罐，且被视为红山文化典型陶器的代表之一。根据辽西地区近年的发现，可知这件残器的下部不应有底，而应与上部的筒口相似，它也是一种彩陶筒形器，其形制与胡头沟的筒形器虽有所不同，但应为同一类器。

2. 胡头沟红山文化墓葬出土的筒形器在上部普遍施平行压印条纹，这种纹饰是红山文化常见的装饰手法，主要见于直筒罐的上部。胡头沟筒形器上的勾连涡纹和垂环纹的彩纹母题，也见于赤峰红山后、蜘蛛山和西水泉等其他红山文化遗址。

3. 胡头沟红山文化墓葬所在的大凌河流域是红山文化的重要分布区域，近年来这一带已发现红山文化遗址多处，与胡头沟红山文化墓葬同类型的墓地也在周边地区陆续有所发现。在胡头沟附近的阜新蒙古族自治县福兴地镇收集到的1件玉鸟、1件兽面弦纹圭形饰，也应是这类墓葬的出土物。[1]

胡头沟红山文化墓葬具有以下特点：

1. 墓葬的整体布局呈现出南北进深明显长于东西面阔的顺向布置，其长与宽的比值约为2∶1。已发掘的其他地点的积石冢一般以横向布置居多，即东西面阔大于南北进深。

1　参见方殿春、刘葆华："辽宁阜新县胡头沟红山文化玉器墓的发现"，载《文物》1984年第6期。

2. 在平面为方形或长方形的积石冢中，彩陶筒形器多摆放于外墙内、内墙外。而在胡头沟红山文化墓葬，筒形器直接陈列于最外道墙之外。

3. 中心大墓外围的环状石墙建造形式较为罕见，目前仅在牛河梁第五地点 1 号冢中见到类似的结构。

4. 其他中小型墓都集中附葬于中心大墓的南侧，这是积石冢葬制中一种较为普遍的规律。

5. 中心大墓一侧设有阶梯的形制在牛河梁等遗址较为常见，通常出现在规模较大或较深的墓葬中，尤其是中心大墓。

6. 目前，在中心墓与南侧小墓的分布区域内尚未发现用于封石的石块，这一发现对于准确复原积石冢的原貌具有重要意义。

第三章　礼出红山

　　20 世纪 80 年代初至 90 年代末，红山文化考古领域取得了显著的进展，其间发现了许多重要的红山文化遗址，其中包括东山嘴和牛河梁两处规模较大的祭祀遗址，具有城墙性质的环壕以及铸铜陶范。还发现了部分红山文化聚落遗址，如巴林右旗那斯台遗址、巴林左旗二道梁遗址、克什克腾旗南台子遗址以及林西县白音长汗四期遗存。这些聚落遗址的发现为研究红山文化提供了宝贵的资料，尤其是大型祭祀遗址的发现使学术界开始从中华文明起源的高度来重新审视和分析红山文化，它们引发了学术界对中国古代文明起源的新一轮探索和讨论，标志着红山文化研究进入了一个新的发展阶段。

一、祭祀与原始崇拜

　　红山文化晚期，祭祀礼仪迅速发展，目前发现的大量这一时期的祭祀遗址与原始崇拜活动密切相关，这表明在社会发展过程中，这一时期的祭祀活动已经发展成为一个具有重要社会功能的管理系统。通过对已揭露的红山文化祭祀遗存进行分析，我们可以将其主要分为三类：祭坛、祭庙和祭祀坑遗址。其中，东山嘴遗址和牛河

梁遗址受到了极大的关注，使学术界掀起了对中华文明起源的讨论热潮。

（一）东山嘴遗址

东山嘴遗址是红山文化晚期的一处祭祀礼仪性质的建筑基址，是迄今为止我国发现的形态最早、规模最大、层次最高的一处史前社坛遗址。[1] 遗址位于辽宁省朝阳市喀喇沁左翼蒙古族自治县大城子镇东南约 4 公里处，大凌河西岸。[2]1979 年 5 月，在辽宁文物普查试点期间，东山嘴遗址被发现，并作为实习基地开始了发掘工作。随后在 1982 年春季，辽宁省博物馆文物队继续对其进行了发掘。这两次发掘共清理了 2250 平方米，除了北部边缘部分仍待进一步清理外，遗址的大部分区域已经被成功挖掘和揭露。遗址坐落在一座长弧形黄土山梁正中的一个缓平突起的台地上，占据了台地南伸展的前端部分，建筑基址占据了整个遗址，根据其布局可分为中心、两翼和前后两端等部分。[3]

遗址的中心部分为一座大型方形基址（编号 g1），基址内部堆积可分为上下两层：底部为平整的黄色硬土面，其上留存有石堆及零散的石块。基址四边由加工过的石块砌成石墙基。在对基址底部进行清理的过程中，出土了玉璜、石弹丸等少量器物。两翼部分可以分为南北两个区域。北部两翼由两条南北走向、对称分布的石墙基构成。在西翼墙基下，发现了叠压房址（编号 F1），这

1　参见田广林："论东山嘴祭坛与中国古代的郊社之礼"，载《辽宁师范大学学报》（社会科学版）2008 年第 1 期。

2　参见郭大顺、张克举："辽宁省喀左县东山嘴红山文化建筑群址发掘简报"，载《文物》1984 年第 11 期。

3　参见郭大顺、张克举："辽宁省喀左县东山嘴红山文化建筑群址发掘简报"，载《文物》1984 年第 11 期。

1—方形基址；2—东翼墙基；3—西翼墙基；4—东侧石堆；5—西侧石堆；
6—东边堆石；7—西边堆石；8—是全形台址；9—多圆形基址；10—人骨；
11—房址；12—未发掘部分；13—方形基址内成组立石。

图 3-1　东山嘴遗址

是一座长方形的半地穴式建筑，居住区域内上方叠压着石块。在
房址东墙中部的凸出处，发现了一个较为规整的长方形土坑，坑
内北端放置有一件磨制光滑、刃部朝向正南的石斧。根据石斧表
面的痕迹，推测其并不是一般的使用工具，可能象征着某种权力。
发掘人员认为，这座方形坑可能不仅仅是一个普通的灶址或取火
坑，它可能还具有与祭祀有关的更深层意义。[1]在东、西两翼石墙
基外，有大面积的石块堆积，推测这些石块可能是基址的护坡或
是基址倒塌所导致。南部两翼也发现了石堆，其中多数石块为平

1　参见郭大顺、张克举："辽宁省喀左县东山嘴红山文化建筑群址发掘简报"，
载《文物》1984 年第 11 期。

底尖顶的锥状石。西侧石堆（编号 g5）较为零散，南侧石堆的布局和性质与北部两翼相近，尽管其对称性不如北部两翼石墙基严格，这也表明它们可能是相互对应的建筑遗迹。

图 3-2 东山嘴遗址的中心部分

遗址的前端部分由单层石块堆砌的石圈形台址（编号 g6）与多圆形石砌基址（编号 g7）组合而成。石圈形台址是一个直径约 2.5 米的正圆形结构，距离中心方形基址南墙基约 15 米。在石圈形台址以南约 4 米处为多圆形石砌基址，已残缺，仍可分辨出 3 个相连的圆形基址。地层分析显示，多圆形石砌基址的形成时间可能早于石圈形台址。在石圈形台址东北侧的黄土层底部，下方的红烧土面下，发掘出了一具人骨，未发现随葬品。人骨的胸部和腹部覆盖有大块泥质红陶和黑陶片，尚可复原一件泥质黑陶钵。这具出土的完整人骨架很可能与整个遗址的祭祀性质密切相关。

东山嘴遗址发掘出土的遗物主要有陶器、石器、玉器等。值得注意的是，在东山嘴遗址中发现了20余件泥质红陶制成的陶塑人像的残件，这些残件大多为人体的肢体部分，头部残缺，根据其残存的形象，可以辨认出小型孕妇塑像和大型人物坐像两类。这些陶塑人像形象逼真，符合人体比例，对红山文化祭祀礼仪研究具有重要意义。

东山嘴遗址为一处远离居住址的大型石质建筑基址，已揭露的圆形及方形祭坛体现了古代"天圆地方"的宇宙观，出土的玉器、陶塑人像等遗物均与祭祀活动相关。这些遗物和祭坛的发现，揭示了东山嘴遗址具有多重性的祭祀功能，包括祭祀天地、生育神、地母神、祖先神等，表明它是一处经过长期使用的红山文化晚期高等级大型祭祀遗址[1]，是史前先民进行祭祀天地、祖先等活动的场所。

东山嘴遗址的总体布局对称分布，展现了我国大型建筑群的传统模式。建筑格局沿南北轴线对称分布，具有明显的主次之分，其中南北方圆的相互对应，是新石器时代考古学文化中首次发现的对称分布建筑形式，它与后来中国传统建筑形式一脉相承。中轴线对称的建筑不仅代表了中国的礼仪制度，也体现了中国审美和传统文化的延续。王震中先生认为："综观整个方形祭坛的布局和内涵，结合我国古代文献记载，可以认为这是我国东部地区史前较大规模的祭祀遗址。至于方形祭坛南边的圆形祭坛（圆形

1　参见贺辉：《新石器时代祭祀类遗迹研究》，南京大学博士学位论文，2013年。

台子）则应是祭天之坛，或可称为原始的'天坛'。"[1]

东山嘴遗址自其发现之初便迅速吸引了学术界的广泛关注。1982 年 8 月，在河北省蔚县举办的蔚县三关考古工地长城地带座谈会，即第一次燕山南北、长城地带（区系考古）专题系列座谈会上，我国著名考古学家苏秉琦先生首次了解到东山嘴遗址的发现后，对此表现出了极大的兴趣，并提议于次年在辽宁省朝阳市举办第二次燕山南北、长城地带考古专题座谈会。1983 年，苏秉琦先生前往朝阳市，对该遗址进行了深入考察，并在座谈会上进一步强调了东山嘴遗址的重要性。他认为，东山嘴遗址出土的祭祀性建筑遗迹为研究红山文化及其在燕山南北地区的考古学文化提供了宝贵的线索，激发了对相关历史问题的深入思考。在座谈会的补充发言中，苏秉琦先生进一步将东山嘴遗址的发现与牛河梁遗址以及辽宁喀左地区发现的商周窖藏青铜器联系起来，认为当时可能"举行重大的仪式"，如古代文献中所记载的"郊""燎""禘"等祭祀活动。[2]

东山嘴遗址的发现标志着红山文化研究的一个重大突破，这一发现打破了以往学界关于辽西地区史前时期考古学文化相对于黄河和长江流域在经济和社会发展上较为落后的认知。该遗址的发现使学界对红山文化及其在辽西地区史前文明中的地位进行了重新评估和深刻反思，推动了对辽西地区史前文化更全面和深入的认识。

（二）牛河梁遗址

1981 年 10 月，在辽宁省朝阳市发现了坛、庙、冢结合的大型祭祀遗址，其规模之大、规格之高迅速吸引了学界的广泛关注，

1　王震中："东山嘴原始祭坛与中国古代的社崇拜"，载《世界宗教研究》1988 年第 4 期。

2　参见苏秉琦、严文明、张忠培等："座谈东山嘴"，载《文物》1984 年第 11 期。

推动了对红山文化深度和复杂性的全新理解。

牛河梁遗址位于辽宁省建平县、凌源县与喀喇沁左翼蒙古族自治县交界处，其考古历程始于 20 世纪 40 年代。1942 年，我国著名考古学家佟柱臣先生在此进行了初步的考古调查，并采集到彩陶片，但未深入探讨其文化属性。20 世纪 70 年代，朝阳市博物馆在牛河梁遗址范围内试掘了一座汉代墩台，确认其底层为红山文化建筑基址，显示汉代在其上加筑夯土。1979 年，在辽宁省文物普查中，于距离牛河梁遗址约 8 公里的三官甸子村东北的城子山上发现了同时包含红山文化和夏家店下层文化的遗址，并对属于红山文化时期的 3 座墓葬进行了试掘工作，出土了玉器等随葬品。1981 年，建平县文物普查中，一位村民家中收藏的"玉笔筒"引起了工作人员的注意。郭大顺、李殿福等工作人员根据线索在马家沟村进行了考古调查，成功定位了"玉笔筒"的出土地点，在此采集到了属于红山文化时期的彩陶片和石斧等器物，确定其为一处典型的红山文化遗址。1983 年，辽宁省文物考古研究所开启了对牛河梁遗址的正式考古发掘，历时 20 年，逐步揭示了这一覆盖 50 平方公里的红山文化晚期大型中心性祭祀遗址。

牛河梁遗址是一处由祭坛、庙宇和墓冢三种建筑基址组合而成的祭祀遗址。目前，已确认牛河梁遗址共 43 处遗址点，并对其中的 16 个地点进行了编号。在这 16 个地点中，发现了 13 座积石冢遗存。在 20 年的考古工作中，对第二地点（编号 N2）、第三地点（编号 N3）、第五地点（编号 N5）、第十六地点（编号 N16）和第十三地点（编号 N13）进行了发掘，并对第一地点的女神庙址（编号 N1）进行了试掘，清理出属于红山文化时期的墓葬 85 座。

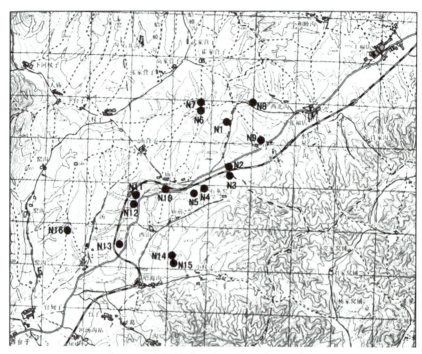

图 3-3　牛河梁遗址红山文化遗址分布图

（资料来源：1983—1988 年调查发掘资料）

1. 女神庙遗址

女神庙遗址位于牛河梁遗址的较高位置，靠近梁顶，海拔约680 米。因在房址内发现多件具有女性特征的泥塑残块及女性头像，因此得名"女神庙"。女神庙遗址处于牛河梁遗址的中心位置，周围较低的位置分布着积石冢，形成了以女神庙为中心的布局特征，积石冢环绕在女神庙和山台四周。1983 年秋，考古人员在山梁冲沟内发现了部分人体陶塑残件，随后对周围地区进行了调查勘探，并在冲沟的东部揭露出庙址遗迹。为了进一步了解遗迹的年代、性质以及庙内堆积遗迹主体，1983—1985 年，考古人员对女神庙进行了考古试掘，并对遗迹表面进行了考古发掘和清理。考古工作探明了女神庙是一座南北向的半地穴式建筑，平面呈长条形，保存状况良好，总面积约为75平方米。庙址由南单室和北多室两组建筑组成：北组建筑呈长条形，为多室结构，规模较大，包括中室、东室、北室和西室，中室与其他侧室之间设有相连的通道；南单室位于北组建筑的南侧，规模较小，形制简单，平面呈长条形，中部外鼓，延伸至两侧渐变为方形。女神庙采用土木结构建造，建筑内的墙壁及仿木建筑构件表面进行了涂绘。彩绘主要为赭色，也有红、白色或二色、三色相间的图案，多为几何形三角纹和勾连纹。遗址内出土的仿木建筑构件和彩色壁画表明，女神庙的建筑形式和装饰风格十分精致考究。

图 3-4　女神庙遗址全景图（半地穴部分及堆积）

北

北多室
（N1J1B）

南单室
（N1J1A）

0   2米

1—泥塑人像头部；2、4—泥塑人手；
3—泥塑人像上臂；5—泥塑人像肩头。

图 3-5　女神庙遗址试掘平面图

　　女神庙的半地穴式遗址中出土了大量遗物，除坍塌的房屋结构和仿木建筑构件外，还出土了泥塑人像、动物塑像残件以及具有祭祀性质的陶器。人物塑像多为草拌泥制成的头、耳、鼻、手、手臂、乳房等人体塑像残件，共计 16 件。其中，在中室西侧发现的一尊较为完整的女性头像，是女神庙遗址中最为重大的发现。女神像通高 22.4 厘米，通耳宽 21 厘米，最厚处 14 厘米。头顶以上残缺，额顶有发箍状装饰，鬓角部位装饰有竖行的系带。眼部镶嵌玉石，玉石由滑石制成，直径为 2.3 厘米，呈淡灰色，表面圆鼓磨光，其背面呈钉状，深嵌入女神像眼窝中。鼻部残断，在头像周围发现残断的鼻部。上唇以下使用了类似蚌壳质的材料贴面，用以代表牙齿。右耳保存完整，而左耳缺失，在靠近耳垂部钻有一穿孔。女神像的背面和下部均为残面。根据背面的残面分析，推测女神像原本应是贴附在庙内

0 ___ 4厘米

图 3-6　女神庙遗址出土的泥塑女神像（N1J1B；1）

的墙壁上。在庙址内还可以看到塑造时包裹草束的支架痕迹，这表明其可能是一尊高浮雕的人物头像。[1]

除了人像泥塑件，女神庙遗址还出土了动物形态的泥塑残件，依据其形制可分为兽类和禽类两种：兽类共出土 2 例，可辨别的部位有吻部、耳部、双爪和下颌部，下颌较长，有表面涂有白彩的獠牙；禽类仅出土了爪部及翅膀，爪部具有猛禽的特征。

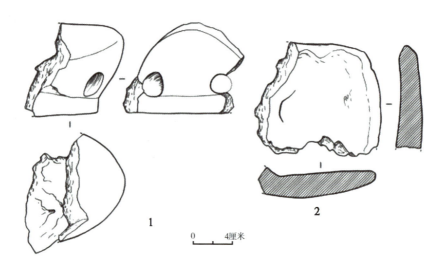

0   4厘米

1—吻部（N1J1B：7）；2—耳部（N1J1B：27）。

图 3-7　女神庙遗址出土的泥塑兽（熊）吻、耳部残件

女神庙遗址中出土的陶器多为具有祭祀功能的彩陶，主要包括塔形器残块、熏炉器盖以及圜底钵形器等，这些陶器均为泥质红陶制成。塔形器残块表面平滑，有的施有红彩，根据残块推测，塔形器主要由腹部、束腰部和底座三部分组成。熏炉器盖是在中

1　辽宁省文物考古研究所：《牛河梁——红山文化遗址发掘报告（1983—2003 年度）》，文物出版社 2012 年版。

室内发现的，其形状如倒置的豆，柄呈喇叭状，盖面饰有五周篦点"之"字纹，间杂长短依次对称排列的长方形镂孔。

　　女神庙遗址的发掘工作目前还处于试掘阶段，尚未进行正式发掘。根据试掘期间所发现的大量遗物，可以推测女神庙内所包含的内容丰富而复杂。出土的泥塑器物无法整取，并且在保存上存在难度，基于这些考虑，考古团队决定延缓进一步的发掘工作。在已进行的清理工作中，已确认出属于7个个体的泥塑人像残件，这些残件的形体大小不一，其中女神像的尺寸相当于人体大小，属于中小型。特别值得注意的是，在主室中心位置出土的一件鼻、耳部残件，其尺寸是真人的3倍，这表明如果这件器物完整，其大小也应是真人的3倍。由此推测，目前出土的女神像可能并非庙址内的主要神像，而在尚未发掘的主室中心，有可能存在着一尊更大的女神塑像。女神庙总面积达75平方米，已出土了若干大型神像，考虑到庙内空间相对有限，这表明能够进入女神庙进行祭祀的人员数量不多，可能仅限于具有特殊地位和权力的法师或宗教领袖，这进一步凸显了女神庙在牛河梁遗址中的重要性。苏秉琦先生在考察分析牛河梁女神像时提出，这尊女神像是"红山人的女祖，也就是中华民族的共祖"[1]。

　　在靠近女神庙遗址的北部，考古学家发现了一处由三座人工修筑的方形山台组成的祭祀遗址。这三座山台以"品"字形布局分布，分别位于东部、西部和北部偏西的位置，山台边缘为人工砌筑的石墙。在这些山台上，考古人员采集到了泥塑人像的手臂、耳朵以及倒塌的仿木建筑构件残块。在西台的南部，考古学家还发现了一处圆形坑状遗迹，从中发掘并清理出了包括陶器、石器

---

1 转引自郭大顺：《红山文化考古记》，辽宁人民出版社2009年版。

在内的多种遗物。在女神庙和山台的周围，还发现了一些与祭祀有关的圆形坑穴，坑内留有火烧后留下的灰烬，出土的器物大多位于灰烬层中，多为与祭祀活动相关的陶器和经过加工的兽骨。

女神庙遗址是牛河梁遗址中最为重大的发现之一，是迄今为止我国发现的最早的宗庙遗址，其与北部的山台遗址构成了一处红山文化晚期规模最大、等级最高、信仰表达最为突出的宗教祭祀活动中心，整个中心居高临下，周围环绕积石冢，共同构成了一处红山文化晚期具有宗教性质的祭祀礼仪地点。女神庙这种主次分明、左右对称分布、前呼后应的布局和结构的宗庙建筑基址，开创了后世殿堂和宗庙布局的先河。

2. 祭坛遗址

在牛河梁遗址内，考古学家共发现了两座祭坛遗址，分别位于第二地点和第五地点。其中，第二地点的祭坛位于冢群组合的中心位置，即山岗上的"漫梁"高点，紧邻主冢，编号为N2Z3。由于自然侵蚀和人为取石，坛体的东部和西部已遭到破坏，目前仅残留坛体的西部及西北部分，约占原坛体的一半。祭坛的发掘工作分两个阶段进行：首次发掘始于 1984 年，对坛体进行了全面揭露；第二次发掘是在 1991 年，对已被破坏的坛体东南部进行了解剖性发掘。N2Z3 祭坛由三层以立石为界桩的阶台及坛上积石构成，形成一座圆形的祭坛。这三层立石从外向内排列，构成了祭坛的基础和轮廓，呈现出一种由内向外逐层升高的三重圆坛式结构。坛上的积石主要集中在内侧石界桩以内，其中心部位的积石最为厚重。在祭坛内部并未发现墓葬，且其形制和结构与积石冢有显著差异，表明这座建筑专门用于祭祀活动，而非墓葬。祭坛内还出土了大量的陶筒形器和其他类型的陶器残件。

图 3-8 祭坛遗址全景图（南—北）

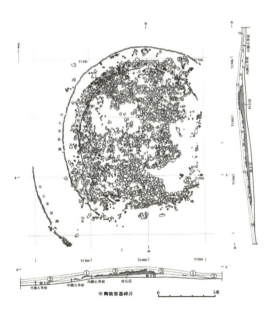

①表土层；②坡积土层；③封石散落层

图 3-9 祭坛遗址平面图与剖面图

　　第五地点祭坛（编号 N5SCZ3）位于东北与西南两个高点积石冢之间，形成两冢一坛的格局，祭坛平面近长方形，保存较完整，整个坛体由单层白色石灰岩石块铺砌而成，冢体的西北角部分保存较差，边框石块和冢内积石缺失较多。在坛体北半部中心位置的石块下，考古学家发现了 4 具人骨，它们沿着南北方向紧密排列，形成了一条直线。考古学家由此推测，该墓葬可能为二次葬。该祭坛不同于第三、第十六地点的独冢，与第二地点的群冢也有所差别，为红山文化积石冢的组合关系提供了新的视角。

图 3-10　第五地点祭坛全景图（南—北）

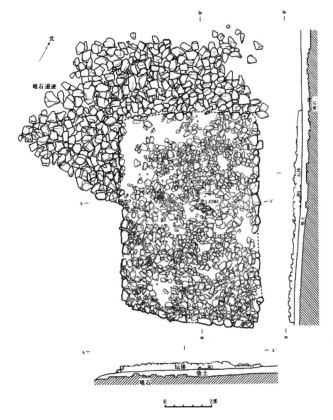

图 3-11　第五地点祭坛平面图与剖面图

　　牛河梁遗址出土的祭坛遗址有方圆之分，体现了红山文化时期的先民"天圆地方"的宇宙观，其中第二地点出土的三重圆坛是迄今为止所知史前时期最为完整的盖天宇宙论图解，这一圆坛的构造不仅准确反映了分至日的昼夜变化关系，而且具有很高的实用性，对中国早期天文学史的研究具有重要意义。[1] 此外，三重圆坛的结构和形状与后世用于祭祀天地的祭坛相似，这也为探索

1　参见冯时："红山文化三环石坛的天文学研究——兼论中国最早的圜丘与方丘"，载《北方文物》1993 年第 1 期。

后世祭坛的起源提供了重要材料。

3. 积石冢

积石冢为一种在墓葬上堆放石块的墓葬形式。牛河梁遗址发现的积石冢数量众多，规模宏大，结构复杂，且通常随葬有玉器，这反映了一种特殊的埋葬制度。牛河梁遗址积石冢主要集中在第二、第三、第五、第十六地点，其他地点也有分布，但较为零散。这些积石冢环绕在女神庙周围，位置相对较低。具体来说，第二、第三、第四、第五地点位于女神庙的南部和西南部，第十、第十六地点位于更西南的方向；女神庙的西部是第六、第七地点；第八、第九地点分布在女神庙的东部，形成了以女神庙为中心，各地点积石冢环绕四周的布局特点。[1] 牛河梁遗址发现的积石冢多位于山梁或土丘的顶部，分为单冢和多冢，其外观呈方形或圆形。每座积石冢都被冢界所环绕，形成一个独立的单元，其下方即为墓葬。大型石棺墓一般位于积石冢的中心，其圹穴和石棺建造讲究，规模较大，墓内仅出土玉器，种类和数量均较多。而小型石棺墓多位于积石冢的边缘，圹穴和石棺规模较小，出土的玉器种类和数量也相对较少。在部分小型石棺墓中，除了玉器，还随葬有陶器和石器，但有的墓葬中未见任何随葬品。

第二地点积石冢是牛河梁遗址中最早进行系统发掘的区域。该地点的积石冢在所有发现中规模最大，保存状况较为完好，且出土的遗物非常丰富。这些积石冢以"五冢一坛"的布局形式，由西向东依次编号为N2Z1、N2Z2、N2Z3、N2Z4、N2Z5和N2Z6。其中，N2Z3是祭坛遗址，其他则为积石冢遗址。这些积石冢形态

1 参见刘国祥：《红山文化研究》，中国社会科学院研究生院博士学位论文，2015 年。

图 3-12　第二地点积石冢全景图（西—东）

多样，包括方形、圆形以及方形和圆形的结合体。5 座积石冢在不同程度上都保留了地面以上的冢体结构。冢体的地层关系较为单一，一般分为上下两层。上层积石冢是第二地点的主体部分，规模较大，面积近 6000 平方米。除四号冢外，其他积石冢都较好地保留了冢界，从而可以辨识出冢体的基本形态和结构。下层积石冢在四号冢的南部保存较为完好，多数能够看出其基本结构和形

状。上下层的积石冢都部分保留了原位排列的筒形器群。五座积石冢也呈现出明显的主次关系。二号冢中部的大型砌石墓位于整个冢群的中心位置，是第二地点的主冢。该冢体由地上和地下两部分组成：地下为长方形的砌石墓；地上为方形的冢台，呈覆斗形，将地下的墓葬覆盖于其内。其余积石冢分布在主冢的周围。

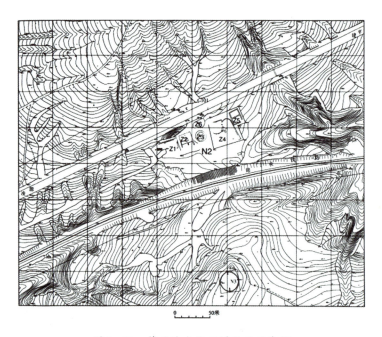

图 3-13　第二地点积石冢位置示意图

通过对牛河梁遗址已揭露的积石冢进行综合分析，可以发现这些积石冢大致在同一时期形成，并经历了相似的历史演变。每个积石冢或冢群位于独立的山岗之上，各自拥有明确的边界，展现出明显的独立性。在规模和结构上，这些积石冢或冢群表现出明显的差异性：第二地点的积石冢规模最大，第五、第十六地点次之，第三地点的规模则相对较小。墓葬中的随葬品也反映出了显著的等级分化。这些特点表明，在红山文化晚期，社会结构出现了分层次的递进变化。从下层到上层的积石冢，在规模、结构、墓葬建造以及随葬品等方面，都呈现出显著的变化，这反映出红山文化晚期社会关系的显著变化和社会结构的重大变革。

牛河梁遗址发掘出土的积石冢的形制和规格具有一定程度的统一性。冢内墓葬类型多样，等级分明。其中，中心大墓在所有冢群中规格最高，等级最为尊贵，这突显了墓主人"一人独尊，王者之上"的崇高地位。

4. 祭祀坑

在牛河梁遗址的第五地点，考古学家发现了 9 个圆形土坑式的祭祀坑，直径大约为 1 米。这些坑的底部大多有火烧痕迹，坑底面上铺有碎石和细砂层。祭祀坑内出土了较为完整的陶器，部分坑中还出土了玉器，具有明确的祭祀性质。尽管牛河梁遗址中的祭祀坑规模较小，且分布并不广泛，但它们在积石冢内的发现尚属首次。9 个祭祀坑几乎排列在一条直线上，出土的完整祭祀陶器表明，当时可能举行了较为隆重的祭祀活动。这些祭祀坑的发现，不仅丰富了我们对红山文化晚期祭祀行为的认识，也为我们理解当时的社会结构和宗教信仰提供了宝贵的实物证据。

牛河梁遗址集坛、庙、冢于一体，是迄今为止规模最大的一处红山文化晚期埋葬与中心性祭祀遗址。以女神庙为中心，周围环绕着积石冢，这种中心与外围的建筑布局，揭示了当时社会已经形成了明显的等级分化。中心大墓的设置，更是凸显了一人独尊的等级观念。在这些墓葬中，马斜口筒形器和以玉雕龙为主的动物形玉器的集中出土，不仅体现了神权的显著发展，也显示出宗教在当时社会中占据了极其重要的地位。这些特点均表明，牛

河梁遗址是一个高度发达的祭祀中心，神权与通神权力被特定阶层所独占。牛河梁遗址所反映出的红山文化晚期的社会变革，是红山文化及其所在的西辽河流域文明起源和国家形成的重要标志之一。遗址的建筑格局和出土器物等证据均表明红山文化晚期已经出现了较为明显的阶级分化，社会结构日趋复杂。牛河梁遗址代表了红山文化中最高层次的社会组织形态，其中出现了掌管宗教祭祀大权和社会政治大权的特权阶层。宗教集团借助神权对聚落内部进行管理，形成了"金字塔"式的管理结构。此外，牛河梁遗址中的大型建筑的设计和施工，展现了红山社会在动员和组织能力方面的显著成就，这种统一有序的规划为我们理解红山文化晚期的社会发展提供了有力的证据。

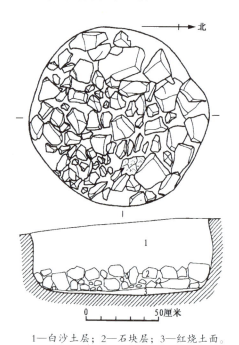

1—白沙土层；2—石块层；3—红烧土面。

图 3-14　NSJK1 平面图与剖面图

牛河梁遗址是东亚地区早期文明的精神象征和中国古代祭祀礼仪制度的源头，它的发现对中国史前时代的社会发展、思想演变、宗教信仰、艺术创作以及建筑技术等方面产生了深远的影响。牛河梁遗址的独特性使其在中国史前众多考古学文化中占据了显著的地位。它是中华文明起源和发展的重要源泉之一，向我们展示了不同于中原地区的文化发展路径，凸显了中华文明起源的多元性。牛河梁遗址的发现和研究确立了红山文化在中国文明起源和早期社会发展历程中的显著地位，它作为中华民族悠久文明史的实证，展现了5000年文化传承的深厚底蕴。

（三）城子山遗址

城子山遗址位于辽宁省凌源市凌北乡三官甸子大队河下村的西山坡上，处于建平县与凌源市的交界区域，向东北行8公里便是牛河梁遗址。1979年，在辽宁省组织的文物普查训练班对凌源市进行的文物普查中，城子山遗址首次被发现。紧接着，在同年10月，对该遗址进行了试掘工作，试掘面积约为200余平方米。在这次试掘中，出土了以夏家店下层文化和红山文化为主的文化遗存。

红山文化遗存在遗址中主要分布在西部区域，经过考古工作，共揭示了3座红山文化墓葬和1座房址（编号F1）。房址的平面布局呈圆角方形，为一座南北向的半地穴式建筑，南墙和东西墙的南端均已遭到破坏。墙壁由于使用石块大小不一，导致宽度也呈现出不一致性。居住面较平整，室内未发现柱洞和其他遗物。在T3探方中部，当挖掘深度达到0.3～0.4米时，考古人员发现了一堆乱石，其分布大致形成一个2米见方的区域。在西南角，还发现了一条1.6米长的石墙残迹，由石块排列而成，并与石堆

相连，明显是人工有意砌筑的。东北角有一条弧形碎石带。石块未经加工，且材质与当地山石不同，表明它们可能是从其他地点运输而来。由于遗址曾遭受一定程度的破坏，根据现存的建筑遗迹进行分析，其建筑格局与东山嘴遗址有相似之处。在这一区域的建筑基址下方，考古学家发现了3座具有明确地层关系且保存状况良好的红山文化墓葬。

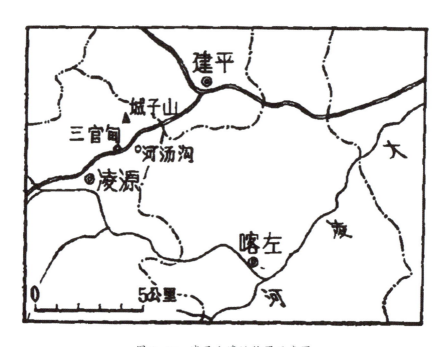

图 3-15　城子山遗址位置示意图

在此次考古发掘中，红山文化的墓葬主要分布在 T1、T3、T4 探方内。其中，M1 是一座土圹石棺墓，墓向为 280°，墓主头朝西北，脚向东南。由于破坏严重，墓墙已不存，仅残留墓底。墓主为成年男性，仰身直肢，仅盆骨和腿骨部分保存。骨盆左侧随葬 2 件制作精细的石锥状器。此外，在 M1 西侧扰土中还发现 1 件玉雕猪头饰和 1 件较大的石锥形器，推测为 M1 的随葬品。在清理靠近骨骼的填土时，发现有压印"之"字纹陶片和彩陶片等。M3 位于 T3 探方北部，与 M2 相距 3.5 米，墓向为 245°。该墓也遭到破坏，仅存西壁和墓底，可辨认为石板墓，建筑结构与 M1 相似。骨骼已腐朽，仅发现少量碎骨和泥质红陶片，墓中未发现随葬品，比较简陋。M2 较为特殊，位于遗址的中心位置，是一座东西向的单人土坑石棺墓，墓向为 310°，墓主头朝西北，脚向东南。地层关系清晰明确，石棺结构保存完好。石棺头部较宽，尾部较窄，底大于口。棺内大部分骨架已腐烂，仅在棺室前端发现 1 颗前臼齿，棺尾残留 2 段腿骨。墓内共出土 9 件玉器，位置清晰可辨，且原封不动地保留在原位；头部放置沟纹玉饰，胸前葬有马蹄形玉箍饰，左侧随葬 2 件玉锥，胸前和脚部出土 3 件玉环，右下侧发现 1 件玉鸟，左侧棺墙下发现 1 件竹节状玉饰。综合墓葬的位置、结构及出土的玉器分析，M2 墓主可能具有较高的社会地位和权势，可能是氏族首领。[1] 其死后被埋葬于遗址中心，且位于堆石下方，表明其身份不是普通氏族成员。

城子山遗址红山文化遗存②层出土的器物与东山嘴遗址出土的遗物相近，时代大体一致，均属于红山文化晚期遗存。城子山遗址的发掘为深入研究红山文化的埋葬制度和丧葬习俗提供了宝贵的第一手资料。[2]

1　参见李恭笃："辽宁凌源县三官甸子城子山遗址试掘报告"，载《考古》1986 年第 6 期。

2　参见李恭笃："辽宁凌源县三官甸子城子山遗址试掘报告"，载《考古》1986 年第 6 期。

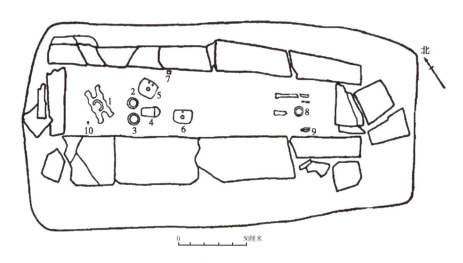

图 3-16　城子山遗址 M2 平面图

（四）人像崇拜

在史前社会，原始崇拜经历了从自然崇拜、图腾崇拜、祖先崇拜到生殖崇拜的演变。祭祀活动是史前时期与神灵沟通、祈求保佑的主要方式。人们通过举行祭祀活动，向自然和天地祈求猎物的丰收、农业的繁荣以及聚落的兴旺。这一时期红山文化的多个遗址出土了大量人物塑像，这些塑像形态各异、栩栩如生，充分展现了当时人们在雕塑艺术上的高超技艺。

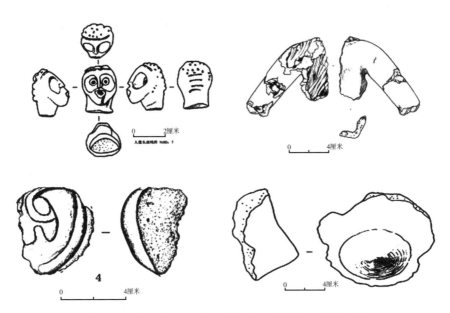

图 3-17　牛河梁遗址出土的小型人像雕件及人像残块

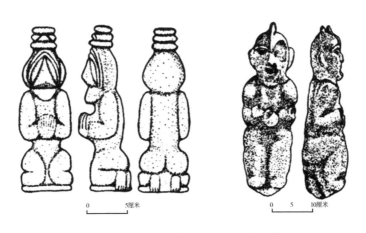

图 3-18　那斯台遗址出土的石雕人像

图 3-19　东山嘴遗址出土的陶质孕妇塑像

　　辽西地区史前居民的原始崇拜信仰通过陶塑、泥塑和石雕人像等形式表达，其起源可追溯至小河西文化时期。兴隆洼文化时期，这种崇拜开始形成习俗，赵宝沟文化时期进一步发展，至红山文化时期达到鼎盛。红山文化人物塑像最早发现于 1963 年内蒙古赤峰市西水泉遗址，1979 年辽宁省朝阳市东山嘴遗址及 1983 年牛河梁遗址女神庙的发现引起了广泛关注。这一时期出土的人像雕塑以孕妇和女性形象为主，具有不同的内涵。根据造型特征，可分为小型怀孕或裸体女性塑像和大型人物坐像两类。红山文化晚期社会结构更为复杂，出土的女性塑像，特别是怀孕和裸体形态的，并非反映当时女性的社会地位，而是体现了对女性的生殖崇拜。这种崇拜源于人们希望借助女性的生殖力量，祈求族群繁衍和猎获、农业的丰收。[1] 大型人物坐像是代表祖先崇拜的神像，这种崇拜在母系社会就已存在，即便进入父系社会，也以不同形式延续。东山嘴遗址和牛河梁遗址的女性塑像在祭坛和庙宇中的发现，表

　　1　参见陈星灿：“丰产巫术与祖先崇拜——红山文化出土女性塑像试探”，载《华夏考古》1990 年第 3 期。

明它们可能已成为部落或部落联盟共同祭拜的对象，超越了单一聚落或氏族的范畴。这些塑像并非用于巫术，而是作为接受祭祀和祈祷的圣物，反映了红山文化的进步性。不同材质人像的发现，标志着红山文化晚期祖先崇拜已进入成熟阶段，对祖先的祭祀和崇拜成为红山先民举行祭祀礼仪活动的重要内容，也是红山文化晚期进入初级文明阶段的重要特征之一。

（五）彩陶

红山文化遗址出土的遗物种类繁多、样式丰富，其中最具代表性的有陶器、石器和玉器。陶器是反映红山先民生产和生活状况、祭祀制度、手工业生产以及社会分化的实物资料。红山文化遗址出土的陶器数量众多、种类多样，主要分为夹砂陶和泥质陶两大类，其中彩陶也占有相当比例。根据出土位置，红山文化陶器按照其功能主要分为两类：一类为日常生活用器，多出土于房址、灰坑及壕沟内，典型器物有筒形罐、斜口器、钵等；另一类为祭祀器物，大部分为彩陶器，多出土于积石冢、祭坛或祭祀坑等祭祀遗址内，其中以牛河梁遗址出土的彩陶最具代表性，主要器物有无底筒形器、无底钵形器、塔形器、罍等。无底筒形器出土数量较多，多为直筒、鼓腹、折沿或卷沿，无底，多发现于积石冢的石墙内侧或墓葬上方的石圆圈旁，呈东西单行排列，分为有彩和无彩两类，以有彩的居多，多为半面绘有红地黑彩的几何纹饰，施彩的一面朝向外侧。根据无底筒形器出土位置及形制分析，该器物为祭祀用具，但学术界对其使用方法有不同看法：一些学者认为其无底的形制可能是作为与天地沟通的祭器[1]；另一些学者则认为它可能

---

1 参见张星德、王健："红山文化筒形器的形制与功能研究"，载《渤海大学学报（哲学社会科版）》2020年第4期。

作为陶鼓使用，在筒形器一面蒙上鼓皮，用于祭祀活动中[1]。除了无底筒形器，红山文化彩陶还包括造型独特的塔形器。这些器物工艺水平高，纹饰繁复，通常绘有三类纹样，主要为镂空和彩陶，这在红山文化其他陶器中是罕见的。塔形器的独特造型艺术和祭祀行为反映了当时等级分明、礼制完备的社会状况。此外，还有镂空器盖和罍这两类陶器，其工艺复杂、造型精美。前者仅出土于祭祀建筑内，后者则作为下层积石冢墓葬的随葬品。这种专属的功能指向进一步证明了红山文化高度发达的祭祀礼仪制度。

红山文化的祭祀礼仪不仅体现在彩陶的使用上，在彩陶纹饰上也有所体现。几何形纹饰是红山文化最具代表性的彩陶纹样。红山文化晚期，出现了专为祭祀活动设计的纹饰，这些纹饰往往只出现在特定的祭祀用陶器上，例如无底筒形器和塔形器所特有的大三角折窄带纹，而在普通的日常用陶器上则难觅其踪影。弧线三角双勾纹和弧线三角勾连纹等纹饰，尽管偶尔在居住遗址中发现，但它们更常见于红山文化晚期的祭祀遗址，这进一步强调了彩陶在祭祀活动中的重要角色。红山文化彩陶的出现和流行不仅彰显了红山文化对中原地区仰韶文化元素的吸收融合，而且标志着红山文化陶器从早期形式到晚期风格上的显著转变。

（六）玉器

红山文化玉器自 20 世纪 30 年代起就已见著录，并被国内外博物馆及私人收藏。然而，当时对这些玉器性质的认识并不清晰。20 世纪 70 年代，随着辽宁省朝阳、阜新地区以及内蒙古赤峰地

1 　参见陈星灿："红山文化彩陶筒形器是陶鼓推考"，载《北方文物》1990年第 1 期。

区陆续发现此类玉器，学界开始关注并探究其文化归属，特别是赤峰市翁牛特旗三星他拉出土的玉龙等重要发现，使学者们确认这些玉器属于红山文化时期。20世纪80年代，随着牛河梁遗址的发掘，大量精美玉器的出土引起了学术界的广泛关注。这些玉器的年代被普遍认为是红山文化晚期。1997年，辽宁省文物考古研究所编写的《牛河梁红山文化遗址与玉器精粹》一书，展示了牛河梁遗址出土的各类精美玉器，进一步推动红山文化玉器成为学术研究的热点。

根据考古发掘的统计数据，红山文化遗址共出土了480余件玉器。其中，牛河梁遗址是玉器出土最为集中的地点，共计发现183件，包括13件征集所得的玉器。半拉山遗址出土了140余件玉器，这些资料尚待正式发布。除此之外，其他遗址出土和收集到的玉器总数为162余件。关于红山文化的玉料来源有多种假设：可能是直接从当地获取的，也可能是从远处运输而来的，甚至可能是通过交换而获得的。然而，可以确定的是，红山文化玉器的主要材质为河磨玉。河磨玉，作为玉石中的上乘之选，是经过自然界漫长岁月的洗礼形成的。红山文化先民将玉石视为"自然之物"、作为与天地神灵沟通的媒介，他们对玉石的崇拜和使用，体现了一种深刻的宗教信仰和文化价值观。

红山文化先民对玉的重视主要体现在墓葬制度上，红山文化的玉器主要于墓葬内出土，数量多，制作技术精湛、工艺考究，造型独特，器类丰富多样。依据造型特点，可将这些玉器划分为五大类别：工具类、动物类、装饰类、人物类以及特殊类。工具类玉器，如斧、钺、棒形器、纺瓜等，已演变为象征权力和地位的礼器，而非实用工具。动物类玉器在工艺上达到了红山文化的

最高水平，如猪龙形器、玉龟、玉鸟等，这些玉器不仅是动物崇拜和祭祀仪式中的重要礼器，也体现了当时社会对神灵的崇拜和敬畏。装饰类玉器则分为直接佩戴和缝缀或穿绳佩戴两种形式，包括玦、环、曲面牌饰、菱形饰等。人物类玉器种类仅有人面和立人等。特殊类玉器，包括勾云形器、斜口筒形器、璧、双联璧和三联璧等，它们的出土位置和形制暗示了其在宗教仪式中的特定用途，如斜口筒形器一般出土于墓主人的头部，可能是通天通神的法器。红山文化玉器的出土情况表明，它们不仅仅是装饰品，更是社会意识、宗教信仰和权力象征的物化表达。这些玉器专门用于随葬，反映了红山文化晚期社会分层的明显特征，揭示了财富与权力集中在少数人手中的社会结构，以及神权与社会结构的紧密结合。

红山文化晚期的玉礼制体系已较为成熟。墓葬的规模、结构和地理位置因墓主生前的社会等级、地位和身份而异，这些差异在随葬玉器的数量、种类和组合上得到了体现。玉器的装饰功能已明显淡化，成为王权的象征和与神明沟通的媒介，象征着身份等级和地位。这种特殊功能的增强，标志着红山文化在社会结构上的复杂性和文明的初步形成。红山文化遗址出土的玉器以其高度抽象而规范的造型，反映出玉器制作一定程度上受到当时思想观念和礼制的影响。"礼出红山"的概念不仅凸显了红山文化在中华文明起源中的重要地位，也实证了中华文化的悠久传承和多元一体的特点。

红山文化以其精湛的用玉工艺和尚玉传统，标志着辽西地区在玉器雕刻和使用方面达到了一个空前的繁荣时期。这一时期，西辽河流域因玉器工艺的卓越成就，与长江下游的环太湖流域——

尤其是以良渚文化为代表的地区——一同被确认为中国史前时期两个主要的玉器雕琢和使用中心。[1]

二、聚落遗址的发现及区域性考古调查

（一）20 世纪 80—90 年代聚落遗址的发现

20 世纪 80—90 年代，随着对红山文化研究的不断深入，考古学家们还陆续发现了若干具有显著地域特色的红山文化聚落遗址。这些遗址包括那斯台遗址、白音长汗遗址四期遗存、巴林左旗二道梁红山文化遗址、南台子遗址以及西台遗址等，它们均出土了大量带有鲜明地域特征的红山文化遗物。

1. 那斯台遗址

那斯台，意为"松树坡"。那斯台遗址位于内蒙古赤峰市巴林右旗那日斯台村。1980 年，巴林右旗博物馆在开展考古调查时，发现了这一大面积的新石器时代遗址，并收集到了一系列遗物。1981 年，昭乌达盟文物工作站联合巴林右旗博物馆对该遗址进行了进一步的调查，从而确认了其重要的考古价值。

那斯台遗址东西长约 1500 米，南北宽约 1000 米，总暴露面积约 150 万平方米。乌兰沟将遗址分为东西两部分：东为台地，西为斜坡地。东部破坏严重；西部保存状态相对较好，其中房址和灰坑遗迹依然可辨。在对该遗址的调查中，通过采集和征集获得的遗物，包括陶器、石器、骨器、蚌器、石雕和玉器等，大多属于新石器时代，也包括一些较晚时期的遗物。陶器以彩陶为主，还有少量泥质灰陶；石器

1　参见刘国祥："巴林右旗史前玉器的发现及重要意义"，载《中国文物报》2011 年 7 月 22 日。

包括磨制石器、打制石器和细石器三类工具或武器，此外还发现了石容器和石雕人像。那斯台遗址最重要的发现是数量可观的玉器，总计100余件，主要由软玉制成，多呈淡黄绿色。玉器的造型多样，包括蚕、鸮、鱼、鸟、沟形器、三联璧、龙形玦、云纹饰、坠饰、玉管、玉纺瓜和玉斧等，显示出当时高超的琢玉技术。[1]

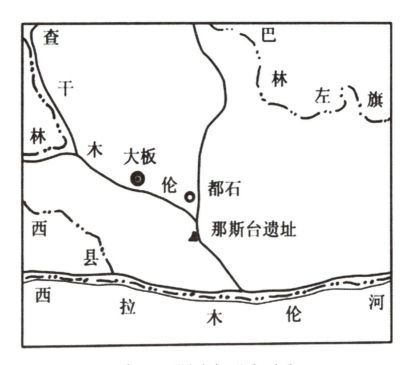

图 3-20　那斯台遗址位置示意图

那斯台遗址是一处在西拉木伦河以北发现的规模较大的红山文化遗址，其占地面积、分布范围以及出土的大量玉器均超出了一般聚落遗址的规模。遗址内部不仅有密集的房址和窑址，还有

1　参见董文义、韩仁信："内蒙古巴林右旗那斯台遗址调查"，载《考古》1987 年第 6 期。

壕沟等防御设施，这些迹象表明了氏族的繁荣和该遗址作为一处重要聚落的地位。该遗址的延续时间长达 1500 年，见证了红山文化从早期到晚期的发展历程，显示出稳定的聚落发展趋势。这表明该遗址在红山文化时期可能具有区域性中心聚落的特征。陶器制作精致且种类繁多，在红山文化早期至晚期阶段均有出土。老哈河流域西水泉类型和大凌河流域牛河梁类型文化因素普遍存在，表明了当时辽西地区红山文化遗存所代表的不同社群之间相互交往的密切程度显著加强。那斯台遗址出土的红山文化晚期陶器、玉器与牛河梁遗址出土的同类器物高度相似，反映出红山文化晚期遗存所代表的社群规模空前扩大，内部交往渠道空前畅通，标志着一个初级文明社会的形成。[1]

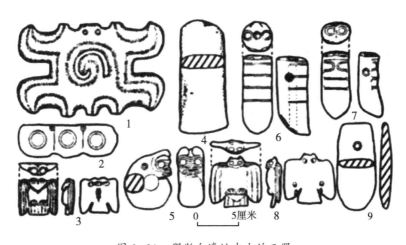

图 3-21 那斯台遗址出土的玉器

2. 白音长汗遗址四期遗存

白音长汗遗址是在全国文物普查中被发现的，其发掘工作在

---

1 参见张思琪：《那斯台遗址研究》，辽宁师范大学硕士学位论文，2017 年。

1988—1991 年进行，共计 3 次。通过这些发掘，揭示了一个面积广阔、内涵丰富的新石器时代遗址。该遗址位于内蒙古赤峰市林西县最南端，西拉木伦河北岸，白音长汗村西南的山岗上，分为南北两个聚居区，其中北区为 A 区，南区为 B 区。根据地层堆积和遗迹间的叠压打破关系，白音长汗遗址的遗存被分为五期七类，其中，白音长汗遗址四期遗存被认定为红山文化性质。在白音长汗遗址四期遗存中，共发现房址 17 座、灰坑 34 个、墓葬 6 座。出土遗物种类繁多且富于变化，主要包括陶器、石器、骨器、蚌器等，以陶器为主，石器、骨器和蚌器出土较少。白音长汗遗址四期遗存分布范围广，延续时间跨度长，从红山文化中期一直延续到晚期。遗址中的遗迹和遗物展示了从中期到晚期的演变过程。白音长汗遗址的发掘为研究辽西地区史前文化谱系提供了重要的实物证据。[1]

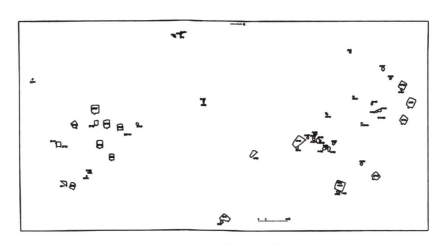

图 3-22　白音长汗遗址四期遗存分布图

1　参见内蒙古自治区文物考古研究所：《白音长汗——新石器时代遗址发掘报告》，科学出版社 2004 年版。

3. 巴林左旗二道梁红山文化遗址

巴林左旗二道梁红山文化遗址位于内蒙古赤峰市巴林左旗林东镇白音敖包乡友好村村西300米的第二道山岗上。1991年5月，为了配合集通铁路建设，内蒙古文物考古研究所对该遗址进行了试掘。在这次试掘中，共计揭露了3125平方米，揭露出房屋基址15座、灰坑171座，并出土了大量包括陶器、石器、骨器在内的遗物。

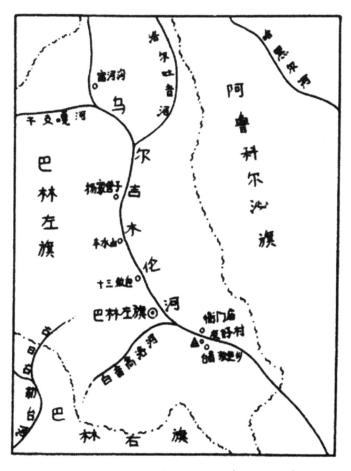

图 3-23　巴林左旗二道梁红山文化遗址位置示意图

二道梁遗址揭露的房屋遗迹均为半地穴式结构，其平面布局呈长方形，门道结构保存完整。出土遗物主要包括陶器、石器，此外还采集到 1 件人形塑像。这些房屋遗迹及出土的遗物均有其自身的特点，房屋遗迹保存状况良好，分布上未呈现出明显的规律性。该遗址中并未发现红山文化房址中常见的瓢形灶，而且房屋的门道设计为斜坡式，直接沿墙壁延伸出去，这些均为二道梁遗址所特有的。遗址内出土的一些陶器和石器在形制与纹饰上与同一时期红山文化典型器物，如筒形罐，存在明显差异，这些均说明二道梁遗址在红山文化中的特殊性。[1]

4. 南台子遗址

南台子遗址位于内蒙古赤峰市克什克腾旗经棚镇唐五村北约400 米的一处向东突出的台地上。1991 年，为了配合集通铁路建设，内蒙古考古研究所对该遗址进行了抢救性发掘，总发掘面积约为 3000 平方米。在这次发掘中，揭露了一处保存较为完整的兴隆洼文化聚落遗址。红山文化遗存分布在遗址的东部，其中发现了 1 座半地穴式的房址。此外，还清理出灰坑 30 个、墓葬 13 座，这些遗迹均为红山文化中期遗存。其中，M7、M11、M12 三座墓葬周围有积石环绕。遗址中出土的遗物相对较少，包括陶器、石器、玉器等约 60 余件。其中，M7 墓葬中出土了 2 件玉玦，其他墓葬中均随葬陶器、石器等。[2]

这些出土遗物的组合和分布情况从侧面反映了红山文化中期

1　参见内蒙古文物考古研究所：《巴林左旗友好村二道梁红山文化遗址发掘简报》，载《内蒙古文物考古文集》（第一辑），中国大百科全书出版社 1994年版。

2　参见内蒙古文物考古研究所：《克什克腾旗南台子遗址发掘简报》，载《内蒙古文物考古文集》（第一辑），中国大百科全书出版社 1994年版。

的社会结构和等级分化尚不明显，表明当时玉礼制系统尚未形成。

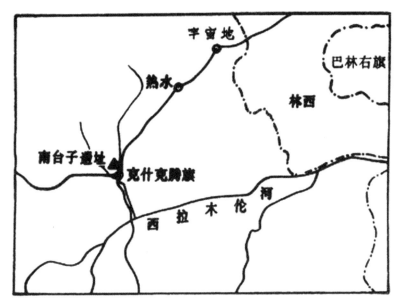

图 3-24　南台子遗址位置示意图

5. 西台遗址

西台遗址位于内蒙古赤峰市敖汉旗王家营子乡阿福营子村西台居民点以西约 200 米的台地上。该遗址地处大凌河上游的牤牛河流域，北部靠山，东西两侧均临河台地。周边地区分布着兴隆洼文化、红山文化、夏家店下层文化、夏家店上层文化以及战国时期的遗址群。西台遗址最初在 1982 年敖汉旗的文物普查中被发现。随后，在 1987 年 8—10 月，中国社会科学院考古研究所对西台遗址进行了考古发掘，总发掘面积达 5400 平方米，开挖了百余个探方，揭露了 18 处壕沟、19 座房址和 79 个灰坑。[1] 此次发掘中，

1　参见杨虎、林秀贞："内蒙古敖汉旗红山文化西台类型遗址简述"，载《北方文物》2010 年第 3 期。

最为引人注目的发现是两处保存状态良好的长方形环壕遗迹，这为研究红山文化的聚落形态提供了珍贵的实物资料。

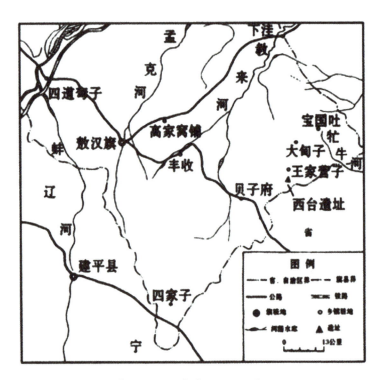

图 3-25　西台遗址位置示意图

"城"壕分为南北两个部分。北"城"壕由三面壕沟构成，其平面布局呈"Ⅱ"形。在北"城"壕内共发现房址 10 座，均残，其中 7 座被认定为红山文化时期的房址。南"城"壕的周长约为 600 米，平面形状近似长方形，其中一侧壕沟设有 3 个门，2 号门较为宽阔且位于中心位置，1 号门和 3 号门较窄，分别位于 2 号门的两侧。南"城"壕内发现房址 9 座，其中一座（编号 F1）属于兴隆洼文化时期，其余均为红山文化时期的房址，但多数已残破，只有 F17 房址保存较为完整。两座"城"壕内的红山文化房址均为半地穴式结构，平面布局以长方形为主，部分房址设有门道。房址内通常有方形或圆形的土坑灶，一些房址内还发现有 2 个灶，其中较大的为方形，较小的为圆形。遗址的壕沟和房址中出土了大量的遗物，以陶器为主，多数为泥质彩陶，石器发现较少。特别值得注意的是，在北"城"壕的 F202 房址内出土了 2 副完整的陶合范，应为铸造小件青铜器的模具。此外，在 F4 房址内出土了一件完整的女性形象陶塑，在南部围壕内出土了 6 件单扇陶范，表明这一时期铜器开始出现并使用。

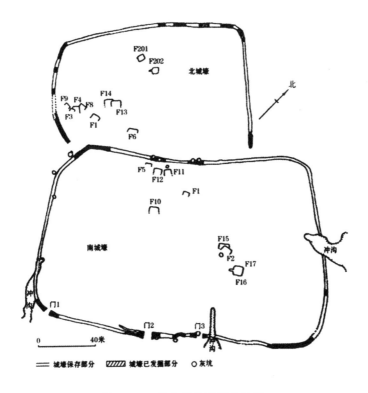

图 3-26　西台遗址城壕平面图

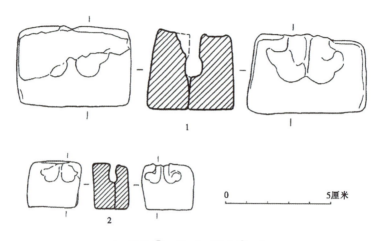

1—F202①：11；2—F202①：5。

图3-27　西台遗址出土的陶合范

　　西台遗址出土的遗物与西水泉遗址出土的遗物具有高度的相似性，因此西台遗址被认定为红山文化中期的聚落遗址，并且可能延续到红山文化晚期。该遗址中2座"城"壕的形制表明，它们已经具备了城壕的防御功能，这与辽西地区其他史前环壕主要用于界定聚落范围的用途有所区别。西台遗址的环壕更侧重于防御，其次才是界定居住范围，这种功能上的转变在红山文化时期具有重要的研究价值，为研究红山文化聚落布局提供了新的视角。西台遗址的内涵极为丰富，尤其是方形环壕的发现以及铸铜陶范和完整陶塑人像的出土，进一步凸显了西台遗址的重要性。西台遗址的发现不仅为研究红山文化聚落形态和社会结构提供了珍贵的实物证据，而且对于探索中国文明的起源也具有极其重要的意义。[1]

　　1　参见杨虎、林秀贞："内蒙古敖汉旗红山文化西台类型遗址简述"，载《北方文物》2010年第3期。

这一时期，除了对上述遗址进行调查与发掘之外，还对众多重要的红山文化遗址进行了考察与发掘工作，包括水泉遗址、查日斯台遗址、转山子遗址等，为红山文化的研究提供了丰富的实物证据。

（二）区域性考古调查

20世纪80年代初至90年代末，内蒙古地区的区域性考古调查取得突破性进展，其中以《半支箭河中游先秦时期遗址》和《内蒙古东部（赤峰）区域考古调查阶段性报告》为主要代表成果。这些调查工作主要聚焦于半支箭河、阴河流域以及锡伯河下游地区，其聚落考古调查、研究的成果，为研究红山文化时期社会形态和文明化进程提供了重要依据。

赤峰地区拥有众多的古遗址，这些遗址见证了农耕和游牧两种生业方式在该地区的交替兴衰。然而，受到风沙侵蚀、水土流失以及农业开发等因素的破坏，部分遗址已经遭受了不可逆转的损害。为了保护和研究这些珍贵的文化遗产，国家文物局发起了一项考古工作计划，由中国社会科学院考古研究所内蒙古工作队、内蒙古自治区文物考古研究所以及吉林大学考古系共同组建赤峰考古队，对赤峰地区进行了一系列有目的的田野考古调查和发掘。赤峰考古队自1996年起，对赤峰地区实施了为期5年的系统性田野考古工作，其间特别对英金河支流半支箭河中游地区进行了区域性考古调查。在5年的连续工作中，考古队在该区域共调查了220处先秦时期的遗址，其中大部分为夏、商时期的遗址，而明确归属于红山文化的遗址有18处，另外还有3处遗址可能也属于红山文化时期。这次区域性考古调查为研究赤峰地区先秦时期的古遗址提供了大量重要的实物资料。调查成果被整理并编纂成《半

支箭河中游先秦时期遗址》一书，该书于 2002 年出版。

在半支箭河区域考古调查结束后，基于赤峰地区英金河流域此前的考古发现，考古学界对该地区的研究兴趣愈发浓厚。先前的考古工作多集中于半支箭河、阴河等上游地区，而对英金河主河道的探索则相对较少。鉴于夏家店下层文化和夏家店上层文化在半支箭河及阴河中游地区的活跃表现，推测这些河流下游至英金河主河道地区可能存在较多遗址。因此，著名考古学家张忠培先生提议，开展中美联合考古研究，对赤峰地区的阴河、半支箭河及锡伯河下游地区进行更为深入的田野考古调查。此次调查借助中美联合考古队的力量，调查范围向下游地区扩展，这不仅有助于推进考古学文化的区域性研究，同时也为赤峰地区地下遗产的保护工作提供了系统全面的原始资料。经过积极申请和周密筹备，最终获得国家文物局的批准，赤峰中美联合考古队于 1999 年正式成立，是年启动田野工作，由张忠培先生担任项目领队。1999—2001 年，考古队采用全面勘查的方法，对赤峰地区英金河主河道及其支流阴河、半支箭河下游进行了大规模的区域考古调查。调查覆盖面积超过 700 平方公里，发现了 1000 多处古代遗址，其中 160 处遗址出土了红山文化的陶片。有些遗址面积较小，但也发现少量面积较大的红山文化遗址。这些红山文化遗址多分布在锡伯河、半支箭河及阴河等主要河流沿岸的坡岗地带，以及两河之间的"纵深地带"，部分遗址则位于山丘或山顶。调查中运用了 GPS 定位、全站仪测量、地理信息系统制图等多项现代科技手段，并采用了美国考古学界在遗址和聚落调查方面的先进方法。调查结束后，研究成果被编纂成《内蒙古东部（赤峰）区域考古调查阶段性报告》一书，该书于 2003 年出版。

三、礼制的雏形

礼是中国独有的文化现象，它渗透于我们生活的各个方面。沈文倬先生对礼的定义是，广义上的礼是"凡政教刑法，朝章国典，一概称之为礼"，狭义上则指"专指当时各级贵族经常举行的祀享、丧葬、朝觐、军旅、冠昏诸方面的典礼"。沈文倬先生的解释概括了礼的存在是为了贯彻统治阶级的意志，确保其所统治的社会秩序而建立的制度规程。[1] 我国对礼制的研究主要基于文献记载和考古资料，礼制的起源仍然是学术界讨论的热点。近年来，中国各地的重大考古发现为探索中华文明的起源提供了新的线索。在这些考古学文化中，红山文化的发现占据了极其重要的地位，尤其是在礼制探索方面，可以追溯到距今约 5000 年的红山文化时期。礼制建筑是传统礼制的象征和标志，作为举行礼仪活动的场所，其建筑风格、布局特点和功能都能反映了当时人们的意识形态和生活方式。红山文化晚期的大型祭祀遗址，如东山嘴遗址，其建筑布局按照南北中轴线对称分布，南方北圆的结构与北京天坛相似，体现了中国古代建筑的传统布局，是后世南郊圜丘祀天、北郊方丘祭地之礼的重要源头。从建筑结构及祭祀功能来看，红山文化时期的祭祀礼仪活动已经开始规范化、制度化，逐渐向礼制文明迈进。牛河梁遗址的坛、庙、冢的发现，其建筑特点更是礼制进一步发展的代表。以女神庙为中心，周围环绕着积石冢的布局，体现了以一人为中心的等级观念。远离居住区的巨大祭祀中

1　参见沈文倬：《略论礼典的实行和〈仪礼〉书本的撰作》，载《儒家经典研究》，中华书局 2000 年版。

心和唯玉唯葬的埋葬制度都表明了遗址内埋葬人物的特殊性，可能为神权与王权合一的首领人物。牛河梁遗址中心突出、层次分明，说明这一时期社会已经开始分化，权力集中在一部分人手中，这些都体现了红山文化时期已出现了中国礼制的雏形，礼制初现，中华传统的建筑及礼仪规范雏形的出现，为礼起源于史前时期的观点提供了重要实证。这对于理解红山文化在中华文明的形成与发展过程中的作用与贡献具有重要意义。

红山文化是中国北方著名的新石器时代考古学文化，其历史跨度约 1500 年。在这段漫长的岁月中，红山文化以其独特的智慧和丰富的创造力，构建了辽西地区的古国文明，并在中华文明的历史长河中占据了源头地位。红山文化以其超大型的祭祀体系，以坛、庙、冢为特征，以及以玉器为代表的社会分层结构，标志着原始社会向文明社会的转变。这些特点使辽西地区成为早期步入文明的区域之一，成为中华文明多元一体格局中的重要组成部分，展现了中华文明起源的多样性，并对中原地区的古代文明产生了深远的影响。[1]

在 1996 年出版的《中国文明起源新探》一书中，苏秉琦先生系统地阐述了区系类型理论，并就中国文明的起源提出了深刻的见解。在这部作品中，他多次提到了辽西古文化，特别强调了红山文化在中华文明起源中的重要地位。苏秉琦先生的这些观点引发了学术界对于中国文明起源问题的广泛讨论，并开创了中国文明起源的"满天星斗"模式。

1982 年，苏秉琦先生在获悉东山嘴遗址的重要发现后，对其

---

1 参见刘国祥："探寻红山文化与中华五千年文明源头"，载《中国社会科学报》2016 年 10 月 31 日。

进行了实地考察，确认了东山嘴遗址的重要性。在接下来的 5 年中，他组织了一系列关于北方地区考古的学术研讨会，并提出了"燕山南北长城地带考古"的研究课题。这一课题涵盖了辽宁朝阳、内蒙古赤峰、京津冀地区以及河北张家口的辽西地区，揭示了这一地区从距今约 1 万年的小河西文化到约 4000 年前的夏家店上层文化的连续性和多样性，体现了辽西地区古文化的典型特征。红山文化代表了辽西地区古文化发展的高峰，它在继承辽西地区考古学文化的基础上，还受到了中原地区仰韶文化的影响。在距今五六千年间，形成了以关中盆地的仰韶文化庙底沟类型和以燕山以北西辽河及大凌河流域的红山文化红山后类型为代表的两种文化。这两种文化相互交融，产生了具有龙纹和花纹相接的彩陶图案，形成了新的文化群体，这在"华山玫瑰燕山龙"的诗句中得到了体现，标志着多种经济形态的相互补充，照亮了中华大地的第一道文明曙光。从 8000 年前的兴隆洼文化到鼎盛时期的红山文化，辽西地区的社会发展一直处于领先地位。在对辽西地区的考古工作中，苏秉琦先生首次提出了古文化、古城、古国的概念。红山文化在距今约 5000 年前，已经进入了古国阶段，其标志性的祭坛、女神庙、积石冢群以及大量出土的精美玉器，在距今 5000 年前的新石器时代，已经形成了超越公社的更高级的社会组织形式。这些发现为探索中国 5000 年文明史提供了新的证据，使学术界重新审视以红山文化为代表的周边考古学文化，为中华文明起源研究提供了新的视角和思考路径。[1]

红山文化是中国史前文化中的杰出代表，其丰富的文明成果是中华文明的重要组成部分。它不仅继承了本地区的土著文化，

---

[1] 参见苏秉琦：《中国文明起源新探》，生活·读书·新知三联书店 2019 年版。

还与中原黄河流域、南方长江流域等不同地区的文化进行了广泛的交流与融合。在不断的碰撞与演进中，红山文化推动了文化的发展。它对史前考古学文化产生了深远的影响，形成了具有独特特色和辉煌灿烂的早期文明，为中华文明的多元一体格局奠定了坚实的基础。

第四章　多元寻根

一、新技术与新发现

进入 21 世纪后，红山文化及辽西地区文明化进程的研究取得了一系列新的成果，开辟了新的研究局面。在这一阶段，田野考古方法有了显著的进步：发掘工作更加精细化，使得从远古时代获取的信息量大幅增加。考古学家的视野不再局限于人工制品，而是将所有与人类活动相关的遗迹和遗物纳入考量，包括动植物遗骸、人类骨骼、花粉孢子、植硅石、活动印痕、各类样品（如土壤、石料、白灰面）等，甚至遗址中的自然石块也受到特别关注，这些细节往往能带来意外的发现。例如，查海遗址的龙形石堆、兴隆沟遗址用野猪头骨和石块组合的图案，正是通过细致的考古工作得以揭示，向世人展示了其原始面貌。为了实现这些研究目标，一些遗址在发掘过程中开始采用筛选和浮选技术。一个典型的例子是中国社会科学院考古研究所在 2004 年对兴隆沟遗址的发掘，通过浮选方法，首次发现了兴隆洼文化时期人工栽培黍的实物证据，这在农业考古领域是一次重大突破。此外，国家文物局颁布的《田野考古工作规程》的实施，进一步推动了考古发掘工作的

科学化和规范化，确保了田野考古工作的质量。在这一阶段，碳-14年代测定法的广泛应用，以及各种物理、化学检测手段和鉴定方法的改进，计算机数据库的建立和普及，GPS、全站仪等设备的精度提升，都极大地增强了考古研究的科技含量，拓宽了考古研究的领域。

在当前阶段，赤峰等地成立的红山文化研究会和研究中心等学术机构以及不断增加的国际考古合作研究项目和各类大型学术会议的举办，都在推动红山文化深入研究方面发挥了重要作用。

在田野考古领域，2000年，辽宁省文物考古研究所等单位对位于朝阳县柳城镇腰而营子村东约2公里处的小东山遗址进行了发掘[1]，揭露面积共计850平方米。此次发掘共揭示了10座红山文化时期的房址，这些房址呈现出圆形和近方形两种形式，其中发现了两组房址的打破关系，即F7打破了F10，F9打破了F10。此外，还发现了1条灰沟和20个灰坑。出土的遗物包括陶器和石器，陶器类型有筒形罐、钵、碗、瓮、高足杯、盂等，石器包括磨棒、石斧、石刀、石钺、石球、石核、石片等。值得注意的是，该遗址还包含有青铜时代的遗存。小东山遗址的发掘为红山文化分期问题的研究提供了重要的实物证据。赵宾福等学者对该遗址红山文化遗存的分期研究，进一步细化了红山文化较早阶段的年代划分，为深入探讨整个红山文化"西水泉期"的再分期问题提供了可靠的研究基础。[2]

1　参见辽宁省文物考古研究所、朝阳市博物馆、朝阳县文物管理所：《朝阳小东山新石器至汉代遗址发掘报告》，载《辽宁省道路建设考古报告集（2003）》，辽宁民族出版社2004年版。

2　参见赵宾福、薛振华："辽宁朝阳小东山红山文化遗存的分期研究"，载《东北史地》2011年第6期。

2001 年 5 月，为了更精确地了解敖汉旗史前聚落的形态，并以此为基础开展以地理信息系统（GIS）为依托的多学科综合研究，中国社会科学院考古研究所内蒙古工作队与敖汉旗博物馆展开了合作。在 20 世纪 80 年代调查工作的基础上，双方对敖汉旗境内蚌河与老虎山河流域的新石器时代遗址进行了系统的拉网式调查。

在蚌河西岸的调查中，共发现了 23 处红山文化遗址。这些遗址大多分布在河岸的平缓坡地上，多数地点的地表可见排列整齐的灰土圈。这些遗址的现存面积大小不一，从 2000 平方米到 21 万平方米不等，总计占地面积约为 75.4 万平方米。通过对采集到的陶片进行分析，推断这些遗址均属于以西水泉遗址为代表的红山文化中期。[1]

6324 地点位于赤峰市敖汉旗四道湾乡曲家营子村西的敖包山，目前该地区已经沙化。红山文化遗址（编号亦为 6324）主要分布在敖包山的西坡和南坡，总面积约为 16.8 万平方米。在这些坡地上，可以辨认出大约 64 个灰土圈，它们大致呈西北—东南走向，排列成行，似乎可以划分为上坡和下坡两组。在这一地点，考古人员采集到了陶片和石器。6375 地点位于赤峰市敖汉旗四德堂乡小山村西北部的坡地上，目前该区域被耕地和人工林所覆盖。在这片坡地的下坡处，有一处兴隆洼文化遗址。红山文化遗址位于上坡处，面积约为 21 万平方米。在地表，考古人员大致辨认出 185 个灰土圈，它们呈南北向的长排分布，明显地分为上坡和下坡两组，其中下坡组被一条冲沟截断。在这个地点，同样采集到

1　参见李新伟、邵国田："内蒙古敖汉旗蚌河、老虎山河流域新石器时代遗址调查简报"，载《考古》2005 年第 3 期。

了陶片和石器。X11 地点红山文化遗址位于赤峰市敖汉旗四德堂乡黑上营子村西南的坡地上，占据着坡地中部，面积约为 1 万平方米。在地表，可以看到 22 个灰土圈，它们呈南北向排列成行。在这个地点，考古人员也采集到了陶片。

在本次调查中，考古团队对老虎山河上游地区进行了广泛的勘探，该地区南北长约 20 公里，东西宽 2～5 公里，调查总面积约为 70 平方公里。在这一区域内，共发现了 8 处红山文化遗址与 9 处红山文化遗物采集点。特别值得注意的是，位于敖汉旗四家子镇北牛夕河村北的老虎山河西岸，有一个傍河台地上的遗址，即北牛夕河村遗址。该遗址的遗迹主要集中在一个近似长方形的土台上，土台南北长约 35 米，东西宽约 25 米，总面积约为 875 平方米。在地表残留有南北向的两道石垄，两石垄之间可见 5 个黑色的灰土圈。在遗址地表采集到的遗物中，包括无底筒形器的残片。根据这些特征，调查者推断该地点可能是红山文化时期的一处祭坛遗址。

在本次调查中，红山文化时期的遗址数量和面积呈现出显著增长，而且有分群的现象，但遗址间的等级分化尚不明显，最大的遗址面积仅 4 万多平方米，这可能与调查区域内相对有限的地理环境有关。

本次调查取得了两项重要成果：一是重新确认并发现了红山文化祭祀性遗址；二是通过拉网式调查方法，揭示了红山文化祭祀性遗址周围鲜有居住性遗址的现象。在老虎山河上游地区，共发现了 7 处红山文化单坛、单冢或坛冢结合遗址，这些构成了牛河梁以外地区迄今为止发现的规模最大的红山文化祭祀性遗址群。从地表遗迹来看，与牛河梁遗址群相比，这些坛冢的规模较小，结构较为简单。目前尚不明确这种差异是由于时间早晚的不同，还是同一时期不同地点在等级上的差异所致。

红山文化祭祀"圣地"通常是与日常生活居住区相隔离的专用祭祀区域，这一点在牛河梁地区已经得到了初步确认。考古调查表明，在牛河梁遗址群周边大约100平方公里的范围内，尚未发现居住性遗址。在老虎山河上游的调查中，虽然发现了10个红山文化采集点，但仅确认了1处具有灰土圈的遗址，这与蚌河下游红山文化居住遗址的密集分布形成了鲜明对比。因此，调查者推断老虎山河上游可能是红山文化的另一处专用祭祀区。祭祀区与日常生活区的分离以及"唯玉为葬"的葬俗都是红山文化的重要特征。在同样以玉器和浓厚宗教氛围为特征的凌家滩遗存和良渚文化中，高台墓地等可能与宗教活动有关的遗址与居住遗址往往是相邻的。根据目前的考古发现，专用祭祀区在中国史前时期似乎是红山文化独有的现象，这可能意味着祭祀活动在红山文化中有着独特的组织和运作方式。

2001年7月，中国社会科学院考古研究所内蒙古工作队与敖汉旗博物馆联合对位于赤峰市敖汉旗四家子镇的草帽山遗址进行了发掘。[1]该遗址最初于1983年春季的文物普查中被发现。草帽山遗址背靠大王山，面向大凌河的支流老虎山河，相对河床高出约40米。遗址分为东、中、西三个区域。东部的第一地点位于一个突起的山岗上，发掘证实这里是一座祭坛，周围有近长方形的围墙。中部的第二地点位于第一地点西侧隔沟的山梁北部，两者东西相距约5米，相对于周围地表高出约3米。2001年7月，

1　参见中国社会科学院考古研究所、内蒙古敖汉旗博物馆：《敖汉旗四家子红山文化积石冢》，载《中国考古学年鉴（2002）》，文物出版社2003年版。

考古专家对第二地点的北部进行抢救性清理，揭露了重要的遗迹和遗物，这些遗迹和遗物保存十分清晰和完整，呈现出坛冢结合的结构。在原生土层之上的一层黑土中，发现了陶片和石器，此处应为一处早于积石冢和祭坛的遗址，但相关遗迹并不明显。此外，还发现了2件半月形双孔石刀。南部2座坛之间的区域为葬区，已清理出7座墓葬，均为石板墓。其中2座墓为二次葬，位于南部坑东侧的是一座儿童墓，其余4座为头西脚东的单人葬。出土了4件石雕像、1件方形圆孔玉璧、2件玉环、1件骨笛和数十件无底筒形器。西部的第三地点位于第二地点西南方向，两者相距约200米，位于同一道山梁上，相对于周围地表高出约2米。2006年，内蒙古文物考古研究所和敖汉旗博物馆联合对该地点进

图4-1 草帽山遗址出土的石雕人像

行了发掘，发现了3口石棺及其周围的陶片带。由于墓葬距离地表较近，遭受了严重的破坏，仅发现了石雕人像。中心石棺墓长2米多，未发现随葬品。在第三地点的积石冢外围，还发现了围绕冢一圈的陶片带，这些碎陶片多为泥质红陶和黑色彩陶，部分带有弦纹。在较大的石棺前还发现了厚厚的红烧土层，这证实了此处曾经是祭祀活动的场所。草帽山遗址的坛、墓组合建筑形式再次明确了红山文化晚期的丧葬制度。

兴隆沟遗址位于赤峰市敖汉旗宝国吐乡兴隆沟村西南约1公里处的山坡上。1982年，由中国社会科学院考古研究所内蒙古工作队和敖汉旗文化馆联合进行的调查中首次发现了该遗址。1998年，对该遗址进行了复查。2001—2003年，刘国祥研究员带领中国社会科学院考古研究所内蒙古第一工作队对该遗址进行了连续3年的系统发掘。[1]2012年，中国社会科学院考古研究所内蒙古第一工作队在该遗址采集到红山文化时期的陶人碎片，并随即展开了抢救性发掘，出土了陶人的其他部位残片，经过修复后得以重组成完整的陶人像。该遗址东西长约400米，南北宽约120米，总面积约为48000平方米，共划分为3个地点。第一地点主要为兴隆洼文化聚落遗址，第二地点主要为红山文化聚落遗址，第三地点则主要为夏家店下层文化聚落遗址。

第二地点位于兴隆沟村东北约0.2公里处的坡地上，地势西北略高，东北和东南偏低。2001年对该地点进行了试掘。由于多年前遗址曾被深耕，遗迹保存状况不佳，多数房址的穴壁遭到破坏，仅底部残存，部分较深的灰坑保存状况相对较好。出土了一

1　参见中国社会科学院考古研究所内蒙古第一工作队："内蒙古赤峰市兴隆沟聚落遗址2002—2003年的发掘"，载《考古》2004年第7期。

组具有红山文化晚期特征的典型陶器。这些发现填补了红山文化晚期居址研究资料的空白，特别是出土的红山文化晚期整身陶人像，在全国同期考古材料中极为罕见，是红山文化时期祖先崇拜的重要实证之一。2003 年，发掘工作集中在第二地点，发掘面积达 1500 平方米，揭露出 4 座红山文化时期的房址，这些房址平面呈方形或长方形，为半地穴式建筑，其西南侧壁中段设有外凸弧形的短门道。灶址位于居室中部，为圆形浅坑式，与以往所见红山文化早、中期房址的瓢形深坑式灶址不同。此外，还发现了 31 个灰坑，灰坑平面呈圆形或椭圆形，坑壁竖直，坑底平整。

2002 年，在牛河梁第十六地点发掘了一座大型石棺墓（编号 M4），出土了 8 件随葬器物，其中包括 6 件玉器和 2 件绿松石坠饰。这些玉器包括玉凤、玉斜口筒形器、玉人、玉镯和玉环，它们分别放置于墓主人的头部、胸部和腰腹部，均保存完好。这是红山文化墓葬中首次发现玉人和玉凤的组合，代表了一种新型的高规格玉器随葬方式，对于研究红山文化晚期的社会结构和用玉礼俗具有重要的学术意义。

2005 年，内蒙古文物考古研究所与吉林大学边疆考古研究中心联合组建的考古队对位于赤峰市松山区初头朗镇上机房营子村北的上机房营子遗址进行了发掘。[1] 在此次考古活动中，考古队利用 GPS 全球定位系统对石城址进行了精确的测绘，并进行了局部解剖。石城依山而建，其平面布局呈不规则形状，南北长约 280 米，东西宽 100 ～ 220 米，总面积接近 4 万平方米。发掘区位于石城址北部地势较平坦处，发掘面积接近 2000 平方米。在发掘过

1　参见内蒙古自治区文物考古研究所、吉林大学边疆考古研究中心：《赤峰上机房营子与西梁》，科学出版社 2012 年版。

程中，共揭露 10 座房址、178 个灰坑和窖穴、10 座墓葬、3 座陶窑、3 个灶址、1 条沟渠以及 1 座双重石圆圈结构。出土的遗物超过 1000 件，包括陶、石、铜、玉、骨、角、牙、贝、蚌等多种材质。这些遗物的文化性质涵盖了红山文化、夏家店下层文化和夏家店上层文化等不同时期。

图 4-2　红山文化玉雕人像

同年，赤峰学院红山文化国际研究中心对位于赤峰市松山区初头朗镇康家湾村北面的康家湾遗址进行了调查，其间发现了 100 多座红山文化石棺墓，多数已被盗掘破坏，研究人员对其中 2 座被盗掘的墓葬进行了抢救性清理工作。这两座墓葬均由石板垒砌，结构分为 6 层，其中一端较宽，另一端较窄，中部略微向

外凸起，其中一座墓葬的底部和顶部都使用石板铺底封顶。根据墓葬的结构和出土遗物的特征，判断这两座墓葬均属于红山文化时期。此外，在遗址地表还采集到了兴隆洼文化、赵宝沟文化、红山文化、小河沿文化、夏家店下层文化、夏家店上层文化等不同时期的遗物。

图 4-3　红山文化玉凤

2005 年，塔拉研究员带领内蒙古文物考古研究所对位于赤峰市翁牛特旗头分地乡二道窝铺东北的二道窝铺遗址进行了考古发掘。[1] 该遗址的分布面积约为 15000 平方米，发掘面积为 1390 平

1　参见内蒙古自治区文物考古研究所：《翁牛特旗二道窝铺遗址发掘简报》，载《内蒙古文物考古文集》第四辑，科学出版社 2013 年版。

方米。在发掘过程中，发现了3座房址、23个灰坑和3条沟渠。出土的陶器有夹砂褐陶、泥质红陶和泥质褐陶，其中以夹砂褐陶最为常见。这些陶器的特点是砂粒较大，胎内外壁抹较薄泥层，烧制火候较低而色不纯正。泥质陶胎质细腻，烧制火候较高，胎质较硬，钵多为红顶钵。陶器均为手制，器型有钵、罐、盆、瓮、壶、斜口器等。陶器装饰以纹饰为主，也有部分为素面。纹饰的制作方法包括压印、压划、戳印等，纹样有"之"字纹、划纹、附加堆纹、乳钉纹、指甲纹、凹弦纹、编织网纹等，其中"之"字纹和划纹是主题纹饰。"之"字纹有直线形、弧线形、篦点形等多种样式，多为压印，主要饰于夹砂陶器表。彩陶数量不多，多饰于泥质红陶和夹细砂红陶上，色彩搭配为红地黑彩。彩陶的纹饰包括细线蝌蚪文、勾叶纹、平行线纹、竖线纹、涡纹、宽带纹等。钵的彩陶装饰多集中在折腹部位，瓮和罐的彩陶装饰多集中在上腹部。这些陶器与西水泉、红山后、蜘蛛山等遗址出土的陶器有许多相似之处。

2005年和2006年，内蒙古文物考古研究所对位于赤峰翁牛特旗分地镇老牛草沟村西南的老牛槽沟遗址进行了考古发掘。[1] 发掘面积为1540平方米，清理出7座房址和42个灰坑，出土了100多件遗物，包括陶器、石器和骨角器等。陶器主要以夹砂褐陶为主，其次是泥质红陶。纹饰以压印"之"字纹为主，还有按压窝点纹、划纹、篦点纹、席纹、附加堆纹、指甲纹等。泥质红陶以素面为主，有少量彩陶。夹砂陶多纹饰，器型以筒形罐为主，另有斜口器、小杯、盘等。泥质陶以钵为主，另有

---

1 参见内蒙古文物考古研究所、赤峰市博物馆："元宝山哈喇海沟新石器时代遗址发掘报告"，载《内蒙古文物考古》2008年第1期。

碗、盆、瓮、罐、壶等，彩陶较少，发现了 1 件黑彩菱形纹钵和 1 件泥质陶壶，陶壶腹部用黑彩绘制斜线几何纹和涡纹。石器主要是打制的，磨制的较少。筒形罐形制多样，多敞口、弧壁或斜壁，小平底，有的口沿附加一周泥条。筒形罐器型较大，口部较宽，压印"之"字纹有竖压横排和横压竖排两种形式，还有刻划"之"字纹。高领罐无复原器物，多为泥质褐陶，烧制火候高，质地坚硬，多为直口，高领，广肩，肩部饰压印竖压横排"之"字纹，数量较少。斜口器为夹砂红褐陶，烧制火候高，质地坚硬，口部斜敞，厚圆唇，弧壁，唇外附加一周泥条，器表饰通体刻划"之"字纹。

2007 年，内蒙古文物考古研究所与赤峰市博物馆联合组成的考古队对位于赤峰市元宝山区元宝山镇四合村哈喇海沟村北部的哈喇海沟遗址进行了考古发掘。[1] 遗址位于朝南的坡面上，地势西北高东南低，起伏不大。发掘面积约 1800 平方米，共发现房址 8 座、灰坑 15 个、灶址 1 个。房址均为半地穴式结构，呈圆角方形，面积较小，9～30 平方米，门道位于东壁中部，与房址同向，均朝东南。灶址位于房址前部，正对门道，有瓢形和椭圆形两种。灰坑多为圆形或椭圆形，少数形状不规则，坑底和坑壁清晰，包含物较少。出土的遗物有陶器、石器和蚌器。陶器以夹砂陶为主，泥质陶数量较少，器型有筒形罐、钵、瓮、陶刀、纺轮等，其中筒形罐为广口小平底，口微敛，口沿下一般施划纹或"之"字纹，风格简约疏朗，底部压印编织纹，施纹的方法为压划结合。石器有磨盘、磨棒、石耜、石斧、石球、石凿、石铲等。蚌器有蚌壳

---

1 参见内蒙古文物考古研究所、赤峰市博物馆："元宝山哈喇海沟新石器时代遗址发掘报告"，载《内蒙古文物考古》2008 年第 1 期。

和蚌饰。遗址所展现的文化特征与赤峰水泉类型、白音长汗遗址四期1段遗存相似，因此，哈喇海沟遗址被认定为红山文化中期的一处聚落遗址。

2009 年，内蒙古文物考古研究所与吉林大学边疆考古研究中心联合组成的考古队对位于赤峰市红山区文钟镇魏家窝铺村东北部的魏家窝铺遗址进行了考古发掘。[1] 该遗址平面略呈北偏东走向的长方形，西段环壕略有曲折，其余三边较平直。遗址南北长约 315 米，东西宽约 295 米，环壕周长约 1100 米，估算环壕内面积约为 9.3 万平方米，壕内外区域面积合计约为 10 万～ 15万平方米。根据敖汉旗境内英金河流域红山文化遗址的普查结果，魏家窝铺遗址属于大型或超大型聚落遗址，很可能是附近遗址群的中心遗址。此次发掘揭露面积约 5000 平方米，共发现房址 28 座、灰坑 83 个、灶址 3 个、墓葬 2 座、沟 1 条。房址均为圆角长方形半地穴式，面积 8 ～ 60 平方米，门道位于南侧，大部分为生土居住面，瓢形灶多位于房址中部。灰坑一般为圆形筒状，也有椭圆形的。出土的陶器有筒形罐、红陶钵、几何纹彩陶钵等，石器有耜、锄、斧、磨盘、磨棒等。魏家窝铺遗址是迄今为止红山文化居住遗址尤其是经科学发掘的大型环壕聚落遗址中的首例，且文化性质单一，资料丰富，对于研究红山文化的聚落布局与社会组织结构具有重要的学术价值。同时，该遗址中体现的其他考古学文化区的重要因素也反映出新石器时代以辽西地区为代表的东北文化区与黄河流域的中原文化区之间的联系，这对

1　参见段天璟、成璟瑭、曹建恩："红山文化聚落遗址研究的重要发现——2010 年赤峰魏家窝铺遗址考古发掘的收获与启示"，载《吉林大学社会科学学报》2011 年第 4 期。

于进一步推动包括红山文化在内的中华文明起源的研究具有重要意义。

图4-4　魏家窝铺遗址全景图

　　同年，辽宁省文物考古研究所对位于辽宁省凌源市三家子乡河南村田家沟组附近的田家沟遗址进行了考古发掘。[1] 该遗址共分为3个地点，其中墓葬为石棺墓，葬式为单人仰身直肢葬。随葬品有玉器和陶制筒形器。玉器的种类涵盖了玉镯、绿松石耳坠、玉蚕等。考古人员只发现了陶制筒形器碎片，这些碎片主要出土于墓葬的封土堆积中。

　　在红山文化与西辽河流域文明化进程的研究方面，中华文明探源工程的第二、第三期项目对该地区的教来河、牤牛河上游地区的红山文化遗址进行了系统的考古调查，这是首次对红山文化玉器雕琢工艺进行全面、系统的研究。此外，中美联合考古队在

　　1　参见辽宁省文物考古研究所：《凌源市田家沟红山文化墓葬群》，载《中国考古学年鉴（2010）》，文物出版社2011年版。

大凌河上游地区的考古调查也取得了重要成果。自 2011 年起，随着《牛河梁——红山文化遗址发掘报告（1983—2003 年度）》的正式出版，红山文化研究进入了一个新的阶段，该报告的发布在红山文化发现与研究史上具有里程碑意义。

2020 年 8 月，国家文物局发布了《"考古中国"重大项目申报管理指南（2020—2035 年）》，明确提出以系统考古调查、发掘和研究为主要手段，鼓励开展多学科、跨学科合作研究，重点实施中国境内人类起源、文明起源、中华文明形成、统一的多民族国家建立和发展、中华文明在世界文明史中的重要地位等关键领域考古项目。在国家文物局和相关省委（自治区党委）、省政府（自治区政府）的高度重视与支持下，中国社会科学院考古研究所联合辽宁、内蒙古和河北三个省区共同申报了"考古中国"重大项目，成立了项目组。

2020 年 10 月，以牛河梁遗址第一地点 2 号建筑址为代表的牛河梁遗址考古发掘项目获得科技部批复，并被纳入国家文物局组织的第五阶段中华文明探源工程。在此次考古发掘中，利用多种先进技术手段和多学科研究方法，取得了显著成果。在对 2 号建筑址编号为 T3 的平台建筑进行考古发掘时，研究人员不仅发现了此前考古研究所证实的古代"裸礼"仪式中使用的圆陶片，而且在不同地层的陶片拼合过程中，揭示了红山先民的"毁器"行为。这种行为涉及将用于祭祀祖先或神灵的器物——这些器物被红山先民认为可能蕴含着神秘的精神力量——打碎、分解，并分别放置在建筑基础的各处，旨在使建筑本身也具备神秘的灵性。这一发现直接体现了红山先民对于该建筑修建的高度重视。

塔拉（1955— ）：中国考古学家。内蒙古呼和浩特市人。1982年7月毕业于吉林大学历史系考古专业，曾任内蒙古文物考古研究所所长，内蒙古博物院院长、研究馆员，兼任中国考古学会理事、中国博物馆协会常务理事。主要研究方向为内蒙古东部地区史前文化、青铜时代考古文化和辽金时期的考古。主要著作有《呼鲁斯太匈奴墓》《敖汉旗范仗子辽墓》《额尔古纳河流域文物普查演示文稿》《赤峰地区区域性田野考古调查结项报告》（主编）、《内蒙古东南部航空摄影考古报告》（主编）等。

二、红山文化与中华文明起源

当前世界正处于向后工业时代迈进的大发展、大变革、大调整时期，文化在推动社会进步、促进经济发展以及在综合国力竞争中的作用日益凸显。提升中华文化的国际影响力和增强国家文化软实力已成为实现中华民族伟大复兴的迫切任务。因此，梳理中华文化的发展脉络，探索中华文明的历史根源，挖掘中华民族持续发展的内在动力显得尤为重要。红山文化作为中华文明主根系中的直根系，其考古研究在探讨中华文化的发展、中华文明的起源以及中华民族的形成过程中扮演着重要角色。2019年9月27日，习近平总书记在全国民族团结进步表彰大会上指出，"我们辽阔的疆域是各民族共同开拓的，我们悠久的历史是各民族共同书写的，我们灿烂的文化是各民族共同创造的，我们伟大的精神是各民族共同培育的。"2020年9月28日，习近平总书记在中央政治局第二十三次集体学习时强调，"考古工作是一项重要文化事业，也是一项具有重大社会政治意义的工作。考古工作是展示和构建中华民族历史、中华文明瑰宝的重要工作"。"要高度重视考古工作，努力建设中国特色、中国风格、中国气派的考古学，更好认识源远流长、博大精深的中华文明，为弘扬中华优秀传统文化、增强文化自信提供坚强支撑"。中华民族共同体意识是国家认同、民族交融的情感纽带，是祖国统一、民族团结的思想基础，是中华民族绵延不绝、永续发展的力量源泉。因此，对红山文化的研究不仅基于对中华文明起源、中华民族形成、中华文化传承等重大历史问题的探索，也是适应当代中国和世界发展需求的重要举措。

1979 年 5 月，辽宁省开展文物普查时，考古人员在辽宁省喀喇沁左翼蒙古族自治县东山嘴村发现了一处红山文化大型石砌祭祀遗址。该遗址的发现和随后的发掘工作激发了学术界对辽西地区文明起源问题的探讨。

1982 年 8 月，在河北省蔚县三关村举办了第一次燕山南北、长城地带（区系考古）专题系列座谈会。会上，苏秉琦先生基于文化区系及其互动关系，提出了"三北"（冀北、晋北、河曲）地区是中原与北方两大文化区系的连接带，张家口作为中原与北方古文化接触的"三岔口"，同时也是北方与中原文化交流的双向通道。此外，苏秉琦先生还阐述了"中华民族是个大熔炉"这一重要思想。[1]

1983 年 7 月，第二次燕山南北、长城地带（区系考古）专题

1　参见苏秉琦：《蔚县三官考古工地座谈会讲话要点》，载《华人·龙的传人·中国人——考古寻根记》，辽宁大学出版社 1994 年版。

系列座谈会在辽宁省朝阳市召开。会议期间，与会专家学者深入探讨了与东山嘴遗址相关的社会组织结构问题以及红山文化的社会性质问题。此外，还讨论了红山文化与仰韶文化之间的接触和交流问题。会上，苏秉琦先生特别强调了以燕山南北、长城地带为中心的北方地区在探索中国古代文明史中的重要地位和价值。[1] 此次会议对于推动辽西地区文明起源问题的研究具有重要的促进作用。[2]

得益于东山嘴遗址的发现以及燕山南北、长城地带（区系考古）专题系列座谈会的推动，1983—1985 年，在距离东山嘴遗址约 50 公里的牛河梁地区，考古学家们发现了女神庙、积石冢、女神头像塑像以及陶制筒形罐和多种形制的玉器等重要遗迹、遗物。这些发现极大地丰富了辽西地区红山文化后期的文化内涵，为辽西地区文明起源的研究提供了宝贵的实物资料，激发了对辽西地区古文化深层次问题的深入思考。

针对东山嘴、牛河梁遗址的考古发现，苏秉琦先生提出，东山嘴遗址的祭坛、牛河梁遗址的女神庙和积石冢等，跨越了距今约 5000 年前后的一段较长的社会历史时期。在这些遗址所在的广阔区域内，尚未发现与它们同期的其他古遗址和墓群。然而，在同一地区发现了多处相当于殷周时期的青铜器群窖藏，共计 6 处。基于这些发现，我们有理由推测，在这一地区可能还存在着与这些窖藏同期的、具有特殊意义的建筑物或建筑群遗迹。这些坛庙冢和窖藏坑是否可以被视为 4 组有机联系的建筑群体和活动遗迹。

1　参见苏秉琦："燕山南北地区考古——1983 年 7 月在辽宁朝阳召开的燕山南北、长城地带考古座谈会上的讲话（摘要）"，载《文物》1983 年第 12 期。

2　参见俞伟超、严文明、张忠培等："座谈东山嘴遗址"，载《文物》1984 年第 11 期。

在距今约 5000 至 3000 年的漫长岁月里，居住在大凌河上游地区的人们是否曾利用这些建筑举行过重大的仪式活动，如古代文献中记载的"郊""燎""禘"等祭祀仪式，这一假设值得进一步深入研究和探讨。

牛河梁遗址的发现促使苏秉琦先生对辽西地区的古文化进行了深入的思考，特别是在古文化、古城、古国概念的提出上。苏秉琦先生指出，古文化是指原始文化；古城是指城乡最初分化意义上的城和镇，不专指特定含义的城市；古国是指高于部落之上、稳定和独立的政治实体。东山嘴祭坛和牛河梁祭祀遗址的发现说明，我国早在 5000 年前就出现了反映原始公社氏族部落制的发展已达到产生基于公社又凌驾于公社之上的高一级的组织形式，在我国其他地区尚未发现过类似的遗迹，认为与它们相应的生活聚落想必已有某种程度的分化。[1]

苏秉琦先生的见解首先在一些报纸上得到了广泛报道。1985年 6 月 5 日，《北京日报》发表了题为《燕山南北长城地带也是中华民族古代文明的摇篮》的文章，指出燕山南北长城地带的古代文化也是中华民族古代文明的摇篮。1986 年 7 月 25 日，《光明日报》在《中华文明起源问题找到新线索——辽西发现五千年前祭祀女神庙积冢群址》一文中报道，考古学家根据已出土的大批文物初步推断，五千年前这里存在着一个具有国家雏形的原始文明社会。这一重大发现，不仅把中华古史的研究从黄河流域扩大到燕山以北的西辽河流域，而且将中华文明史提前了一千多年，夏以前阶段将不是只是传说，我国的文明史将与古代的巴比伦、

1　参见苏秉琦："辽西古文化古城古国——兼谈当前田野考古工作的重点或大课题"，载《文物》1986 年第 8 期。

埃及、印度一样久远。

苏秉琦先生在后来发表的《中华文明的新曙光》一文中指出，在中华民族形成这个重大问题上，考古学的认识曾有过偏差。表现为过分夸大中原古文化，贬低了北方古文化。现在看来，把黄河中游称作中华民族的摇篮并不确切。如果把它称作在中华民族形成过程中起到最重要凝聚作用的一个熔炉，可能更符合历史事实。辽西地区的考古新发现（特别是在建平、凌源两县交界处牛河梁遗址女神庙、积石冢群、类似城堡的方形广场的石砌围墙遗址及动物形玉和石雕刻，几种形体不同的玉猪龙的出土），把中华文明史提前了 1000 年。[1]

苏秉琦先生在论述"中华文明的新曙光"时，将东山嘴、牛河梁红山文化晚期坛庙冢等遗存确认为"北方与中原两大文化区系在大凌河上游互相撞击、聚变的产物"。他在 1986 年 10 月发表的《文化与文明》一文中，指出中国文明起源的几种形式，其中第二种是撞击。比如仰韶文化与红山文化"接触后的结果，是产生了祭坛、女神庙和积石冢，还包括玉龙的出现。龙与玫瑰花结合在一起，产生新的火花，年代是距今 5500 年左右，这是两种不同文化传统撞击产生火花"[2]。

苏秉琦先生提出，大约在七八千年前，中原地区的渭河流域和北方的燕山以北大凌河流域分别孕育了两种原始文化。随着时间的推移，到了六七千年前，这些文化分别演化成了以玫瑰花图案为标志的仰韶文化和以龙或龙鳞图案为标志的红山文化。这两种文化在河北省北部与山西省北部的桑干河上游地区交会融合，

1　参见苏秉琦："中华文明的新曙光"，载《东南文化》1988 年第 5 期。

2　苏秉琦："文化与文明"，载《辽海文物学刊》1990 年第 1 期。

到了大约五千年前，它们在辽宁省西部大凌河上游的凌源、建平、喀左等地真正融合，相互碰撞，激发出了文明的"火花"。这一过程中，红山文化后期的祭坛、女神庙和积石冢群等重要遗迹应运而生。

他在《象征中华的辽宁重大文化史迹》一文中指出，庙底沟类型与红山后类型，一南一北各自向外延伸到更广、更远的扩散面。它们终于在河北省的西北部相遇，然后在辽西大凌河上游重合，产生了以龙纹与花纹结合的图案彩陶为主要特征的新的文化群体。红山文化坛、庙、冢就是它们相遇后迸发出的"火花"所导致的社会文化飞跃发展的迹象。这是两种经济类型和两种文化组合而成的文化群体。这个群体的活动中心范围既不在北方草原的牧区，更远离农业占绝对优势的关中盆地。而是燕山以北、大凌河与老哈河上游宜农宜牧的交错地带。重要的不是土质肥沃，而是多种经济互相补充造成繁荣昌盛，才得以发出照亮中华大地的第一道文明曙光。发生在距今五六千年间的历史转折，其光芒延续时间之长是个奇迹。以红山文化坛、庙、冢象征中华文明曙光应当是恰如其分的。[1]

在《华人·龙的传人·中国人——考古寻根记》一书中，苏秉琦先生又做了进一步阐述，华（花）和龙最早分别出现在距今六七千年间的华山脚下和燕山之北，两者之根（祖先）的成长则在当地距今七八千年间，产生的时间同步、条件相似，追根究底，尽管我们不能说两者从开始就是"一家人"，但却可以承认这件事实本身意味着文明的曙光已经出现在东亚大陆了。

1　参见苏秉琦："象征中华的辽宁重大文化史迹"，载《辽宁画报》1987年第1期。

第四章　多元寻根

123

在 1989 年 5 月于长沙市举行的中国考古学会第七次年会闭幕式上，苏秉琦先生提出了重建中国史前史的学术思想，主张通过文明史的研究来重建史前史。基于这一思想，他撰写了《重建中国古史的远古时代》和《关于重建中国史前史的思考》两篇文章。

苏秉琦先生指出："辽西地区的社会发展进程早于中原地区"。"例如阜新查海的玉器距今 8000 年左右，全是真玉（软玉），对玉料的鉴别已达到相当高的水平。玉器的社会功能已超越一般装饰品，附加上社会意识，成为统治者或上层人物'德'的象征。没有社会分工生产不出玉器，没有社会分化也不需要礼制性的玉器。因此，辽西一带的社会分化应早于中原。到距今 5000 年前后，在古文化（原始文化）得到系统发展的各地，古城、古国纷纷出现。"

苏秉琦先生认为："至 10000 年以内，在原有四大部分文化差异的基础上，逐渐形成相对稳定的六大文化区系……六大区系内，还可以划分出不同的地方类型。不同地区的文化，都特征明确，源远流长，但彼此的渊源、特征、发展道路存在差异，发展水平不平衡，阶段性也不尽等同……南部三大区，民族多，方言多，文化呈波浪式发展：从文化传统、民族融合、影响社会进程的重大历史事件诸方面考察，应当说，从旧石器时代以来，发展的重心常在北部。北部的前红山—红山文化、前仰韶—仰韶文化、北辛—大汶口文化三大文化系统，都得到充分发展，并在发展中交流，互相渗透、吸收与反馈，这种区系间的文化交互作用在公元前 4000 年以后进入高潮，文化面貌是你中有我，我中有你。

"当然，从发展顺序看，中原并不都是最早，不都是从中原向四周辐射。从旧石器中晚期到新石器初期，很可能辽河流域比海河水系早，海河水系又比黄河中游早……旧石器时代晚期，以辽河流域为中心这一片，文化发展走在前列，从而为辽河流域新石器时代文化的前导地位奠定了基础。8000 年前阜新查海玉器以及其后红山文化'坛、庙、冢'的发现，是辽河流域前导地位最有力的证明。在中原地区与之相当的时期，还未发现具有类似规模和水平的遗迹。"[1]

1991 年 8 月，在谈及查海遗址时，苏秉琦先生指出，查海玉器已经解决了三个问题：一是对玉材的认识，二是对玉的专业化加工，三是对玉的专用。社会分工导致社会分化，所以是文明起步。[2]

20 世纪 90 年代，苏秉琦先生在尝试重建中国古史的过程中，深入思考了文明起源（国家起源）以及民族文化传统的问题。他不仅提出了中国国家发展模式的三种类型，而且特别指出辽西地区是"原生型文明"[3]。1992 年 9 月，在《迎接中国考古学的新世纪——中国考古学会理事长苏秉琦教授访谈录》一文中，苏秉琦先生阐述了中国国家起源与发展的三部曲，即"古国—方国—帝国"。红山文化的坛、庙、冢代表着古国阶段，夏家店下层文化的原始长城等代表着方国阶段，两千年前的秦长城、东端山海关内外、绥中与北戴河之间的"碣石宫"等遗迹、遗物代表着帝国阶段。[4]他将"古文化、古城、古国"定义为氏族向国家过渡的发展路径，并认为辽西地区是中国国家起源与发展模式三类型中的原生型地

1　苏秉琦："关于重建中国史前史的思考"，载《考古》1991 年第 12 期。
2　参见苏秉琦：《华人·龙的传人·中国人——考古寻根记》，辽宁大学出版社 1994 年版。
3　苏秉琦：《中国考古学会第九次年会上的讲话》，载《华人·龙的传人·中国人——考古寻根记》，辽宁大学出版社 1994 年版。
4　参见苏秉琦：《国家起源与民族文化传统（提纲）》，载《华人·龙的传人·中国人——考古寻根记》，辽宁大学出版社 1994 年版。

区。他指出，辽西地区从氏族向国家发展的折点是在距今七八千年，明确提出红山文化处于古国发展阶段。他还指出，燕山南北地带距今五六千年间的红山文化确已进入早期城邦国家的阶段[1]。

1996 年 11 月，苏秉琦先生在接受香港《明报》专访时指出，辽西那个拥有"坛、庙、冢"祭祀中心场所的社会实体，应已凌驾于氏族公社之上有高一级的社会组织形式了。与大面积宗教活动场所相应的生活聚落，想必也会表现出相当程度的分化，应具有"古城"性质，甚至可能已是一个原始国家——"古国"了。[2]

此外，苏秉琦先生还提出了关于辽西地区文明发展较早且衰败也较早的观点，并认为传说中的五帝早期活动可能就发生在这一地区。

郭大顺先生在发表的文章中，多次对苏秉琦先生关于辽西文明的认识和论述进行了深入的总结和阐释。郭大顺先生指出，关于考古学文化区系类型理论和中国文明起源的系统论述，是苏秉琦先生留给后人的一份学术遗产包括辽河流域在内的燕山南北地区考古，是苏秉琦先生形成考古学文化区系类型理论和论述中国文明起源的主要试点，而对辽河文明的研究，又在其中占有突出地位。首先，认为苏秉琦先生高度重视西辽河流域。其次，概括苏秉琦先生对辽河文明基本特点的主要观点。依据对苏秉琦先生观点的理解和新的考古发现，可以对"辽河文明"分四个方面加以认识。一是辽河文明先走一步。二是辽河文明在中国文明起

1　参见邵望平、汪遵国："迎接中国考古学的新世纪——中国考古学会理事长苏秉琦教授访谈录"，载《东南文化》1993 年第 1 期。

2　参见邵望平、俞伟超："百万年连绵不断的中华文化——苏秉琦谈考古学的中国梦"，载《内蒙古文物考古》1997 年第 2 期。

源与国家形成中具典型性。作为"原生型"国家起源模式的理由是，辽河流域从查海遗址起，从玉器制作的专门化到玉器使用的专一化方面，已反映出由社会分工到社会分化的变革过程，为继之而起的红山文化社会变革的飞跃准备了条件。红山文化的发展虽然大幅度吸收了中原等地区的先进文化因素，但主要是在保持和发展自身特点的基础上跨入古国阶段的。到了方国时代，辽西地区的夏家店下层文化，以连锁式城堡带和星罗棋布的城堡群、彩绘陶礼器为代表，反映礼制已逐步完善，成为"与夏为伍"的强大方国。三是辽河流域是古代文化的生长点与交汇带。四是辽河流域对东北地区和东北亚古代文化的发展有着广泛影响。[1]

应该说，辽西文明起源问题的研究，最初是由苏秉琦先生提出，并在中华文明、中华国家、中华民族和中华文化的大视野下，以考古学区系类型理论为指导展开的。苏秉琦先生的学术思想一直引领着辽西文明起源问题的研究。

人类起源、农业起源和文明起源是考古学界普遍关注的三大重要课题。在文明起源的研究领域，世界各地的古代社会在文明化进程中展现出多样化的发展路径。中华文明的独特之处在于其连续不断的发展历史超过 5000 年，这使得中华民族成为世界上唯一一个文明历史未曾中断、一直延续至今的古老文明。随着考古资料的不断丰富和研究的深入，关于中华文明起源的背景、动因、机制、特征和模式等问题的认识越来越明确，中华文明起源的理论研究也实现了重要突破。在继"西来说"和"中原一元论"等观点之后，关于中华文明起源多元一体格局的理论认识在考古界

1　参见郭大顺："先走一步的辽河文明——苏秉琦先生学术活动和学术思想追忆之三"，载《辽海文物学刊》1997 年第 2 期。

和史学界达成广泛共识。苏秉琦先生曾指出："中国文明之所以独具特色、丰富多彩、连绵不断，中华民族之所以能够形成一个统一的多民族国家并在数千年来始终屹立在世界的东方，都与中国文化的传统、中国文明的多元性有密切关系。同世界上其他文明古国的发展模式不同，多元、一统的格局铸就了中华民族经久不衰的生命力。"[1]红山文化在辽西地区的兴起，为中华文明多元一体格局的形成提供了重要的实证。

2012年9月5日，敖汉旱作农业系统被联合国粮农组织正式评选为"全球重要农业文化遗产"，因其深厚的历史底蕴、独特的价值体系以及对人类文明发展的重要贡献而受到国际社会的广泛关注。以种植粟、黍为主的旱作农业系统早在约8000年前的兴隆洼文化时期已经初步形成，并在红山文化中晚期得到进一步发展和完善，为红山文化的繁荣提供了坚实的物质基础。龙文化在辽西地区的起源和发展与旱作农业紧密相连。至今，赤峰市敖汉旗种植粟、黍的面积接近100万亩，敖汉地区由此成为世界范围内种植和食用小米历史最悠久的地区，是世界范围内小米的独立起源区之一，也是当今中国县（旗）域种植粟、黍面积最大的地区。

英国剑桥大学马丁·琼斯教授认为："近十年来，中国的考古工作非常关键，打破了以前欧洲史前小米遗存的考古资料比中国乃至亚洲地区丰富的状况，开拓了小米在世界范围内进行研究的新局面。目前，通过实验室培育、同位素研究、考古资料对比的三位一体的研究方法，已经获得了非常有力的证据，可以证明无论在日本还是欧洲，当地的小米都来自中国北部，欧洲的小米均是在兴隆沟出土的炭化小米，并在其所属年代的2000年之后从

---

1 苏秉琦："关于重建中国史前史的思考"，载《考古》，1991年第12期。

红山文化考古发现与研究一百年丛书 —— 考古百年

中国传播过去的。在史前欧洲引入小米种植之前，已经拥有了大籽粒谷物的种植技术，推测欧洲引入小米的动机是因为小米产量具有相对更高的稳定性，同时小米更能适应贫瘠的土地环境来保证种植作物的总产量。现在，小米在世界范围内的种植情况趋于缩减，但敖汉提供了一个先进的范例，敖汉的小米种植在稳步提升，这对全球视野下农作物基因多样性的保护有着非常积极的意义。"[1]

中国小米传入欧洲的历史可以追溯到红山文化中期，这一时期辽西地区的旱作农业体系已经相当成熟。在史前东西方文化交流与传播的过程中，红山文化先民以其高超的智慧、丰富的经验和先进的技术发挥了重要作用，从而显著提升了红山文明的价值和影响力。敖汉旗作为红山文化遗址分布最为密集的地区，其旱作农业体系历经数千年而未曾中断，至今仍在延续，这不仅是中华文明连续性与生命力的生动体现，也是对红山文化深远影响的有力证明。

英国伦敦政治经济学院高级客座研究员马丁·雅克先生曾经指出："中国人眼里的'中国'实则是'中华文明'的同义词，包括诸如中国的历史、朝代、儒家思想、中国人的思维方式、家族联系和习俗、人际关系、家庭、孝道、祖先崇拜、价值观、独特的哲学体系……简言之，中国之万物孕育于中华之文明。中国人并不像欧洲人那样将国家视为民族国家，而更多看作文明国家。中国有着深厚的历史渊源，而一般的民族国家就没有一定的历史积淀。世界上没有哪个国家像中国这样历史悠久。对中国人而言，过去——遥远的过去而非近现代的过去，与现在是如此息息相关而

1　［英］马丁·雅克：《当中国统治世界——中国的崛起和西方世界的没落》，张莉、刘曲译，中信出版社 2010 年版。

又意义重大。"[1] 上述分析深刻而精辟，现有的考古材料和研究结果表明，红山文明与现在是紧密相连且意义重大的。除了旱作农业系统的传承外，玉器的雕琢和使用、祖先崇拜、天地崇拜、龙图腾崇拜的观念一直延续至今。因此，红山文化在确立中华 5000 年文明中扮演了不可或缺的角色。

　　红山文化在中国文明起源研究中的引领作用显著，一系列学术活动的开展，如 1983 年 7 月召开的东山嘴遗址现场研讨会和 1991 年 11 月召开的文明起源研讨会等，均与红山文化的重大发现紧密相关，标志着中国文明起源研究的开端。自红山文化的 2 项重大发现以来，中国文明起源研究一直是中国考古学和历史学界的热点课题，并持续至今。经过百年的发展，红山文化研究已经取得了显著成果，对其特征和性质的认识不断深化，为中国考古学理论的构建提供了宝贵的信息和启示。然而，红山文化研究也面临着新的挑战和要求。随着考古学研究的不断深入，特别是在新发现层出不穷的当下，新的考古发现所带来的影响往往迅速被后续的发现所超越，这要求考古工作者深入探讨现象背后的更深层次的社会特征和意义。牛河梁遗址的考古发现尽管最初在学术界引起了巨大震动，但已不足以支撑更为深入和细致的研究。因此，考古工作正逐渐从以发现为主导的研究模式转变为以课题研究为导向的考古发掘。超越地域和学科的限制，从更广阔的视角规划和推进红山文化研究，已成为考古学界的必然趋势。

　　文化是一个国家、一个民族的灵魂，中华文明的源头就决定了我们今天所走的道路。研究红山文化的现实意义，在于梳理中

　　1　［英］马丁·雅克：《当中国统治世界——中国的崛起和西方世界的没落》，张莉、刘曲译，中信出版社 2010 年版。

华文明的根脉，温润中华儿女的灵魂。中华民族对龙的尊崇、对玉的喜爱，这些文化特质在红山文化中已有体现。当前，我们的使命是深入研究这些文化基因，而研究的终极目标在于妥善保护并将其传承给后世，确保其永续流传。因此，研究红山文化，传承中华文脉，成为我们这一代考古工作者肩负的责任。

一代代考古学者肩负着追溯中华文化根源的使命，在考古资料初现端倪或尚显匮乏之际，便凭借扎实的文献研究基础和独到的思考，将包括西辽河流域在内的东北地区纳入研究视野。如今，红山文化的考古新发现为此提供了坚实而丰富的实证。在红山文化发现百年之际，回顾并总结这一研究历程，无疑将促进我们对红山文化乃至中国史前文化研究的深入，进而推动中国上古历史的复原工作。

红山文化研究文献目录索引

考古报告

· [日] 滨田耕作、水野清一：《赤峰红山后：热河省赤峰红山后史前遗迹》，东亚考古学会，1938 年。

· 中国社会科学院考古研究所：《敖汉赵宝沟——新石器时代聚落》，中国大百科全书出版社，1997 年。

· 辽宁省文物考古研究所、赤峰市博物馆：《大南沟——后红山文化墓地发掘报告》，科学出版社，1998 年。

· 国家文物局合组"中国社会科学院考古研究所、内蒙古自治区文物考古研究所、吉林大学边疆考古研究中心"赤峰考古队：《半支箭河中游先秦时期遗址》，科学出版社，2002 年。

· 内蒙古自治区文物考古研究所：《科尔沁文明——南宝力皋吐墓地》，文物出版社，2010 年。

· 内蒙古自治区文物考古研究所、吉林大学边疆考古研究中心：《林西井沟子——晚期青铜时代墓地的发掘与综合研究》，科学出版社，2010 年。

· 内蒙古自治区文物考古研究所、吉林大学边疆考古研究中心：《西拉木伦河流域先秦时期遗址调查与试掘》，科学出版社，2010 年。

·辽宁省文物考古研究所：《查海——新石器时代聚落遗址发掘报告》，文物出版社，2012 年。

·辽宁省文物考古研究所：《牛河梁——红山文化遗址发掘报告（1983—2003 年度）》，文物出版社，2012 年。

·内蒙古自治区文物考古研究所、吉林大学边疆考古研究中心：《赤峰上机房营子与西梁》，科学出版社，2012 年。

发掘、调查简报

·[瑞典] 安特生：《奉天锦西县沙锅屯洞穴层》，《古生物志》丁种第一号第一册，农商部地质调查所，1923 年。

·梁思永：《热河查不干庙林西双井赤峰等处所采集之新石器时代石器与陶片》，《田野考古报告》第一册，1936 年。

·汪宇平：《内蒙古自治区发现的细石器文化遗址》，《考古学报》1957 年第 1 期。

·内蒙古自治区文化局文物工作组：《内蒙古自治区发现的细石器文化遗址》，《考古通讯》1957 年第 1 期。

·吕遵谔：《内蒙赤峰红山考古调查报告》，《考古学报》1958 年第 3 期。

·李逸友：《昭乌达盟巴林左旗细石器文化遗址》，《考古学报》1959 年第 2 期。

·吕遵谔：《内蒙林西考古调查》，《考古学报》1960 年第 1 期。

·徐光冀：《内蒙古巴林左旗富河沟门遗址发掘简报》，《考古》1964 年第 1 期。

• 齐永贺：《内蒙古哲盟科左中旗新艾力的新石器时代遗址》，《考古》1965 年第 5 期。

• 中国社会科学院考古研究所内蒙古工作队：《赤峰药王庙、夏家店遗址试掘报告》，《考古学报》1974 年第 1 期。

• 辽宁省博物馆、昭乌达盟文物工作站、敖汉旗文化馆：《辽宁敖汉旗小河沿三种原始文化的发现》，《文物》1977 年第 12 期。

• 中国社会科学院考古研究所内蒙古工作队：《赤峰蜘蛛山遗址的发掘》，《考古学报》1979 年第 2 期。

• 朱凤瀚：《吉林奈曼旗大沁他拉新石器时代遗址调查》，《考古》1979 年第 3 期。

• 铁岭地区文物组：《康平县的三处新石器时代彩陶文化遗存》，《辽宁文物》1980 年第 1 期。

• 中国社会科学院考古研究所内蒙古工作队：《赤峰西水泉红山文化遗址》，《考古学报》1982 年第 2 期。

• 辽宁省博物馆、昭乌达盟文物工作站、赤峰县文化馆：《内蒙古赤峰县四分地东山咀遗址试掘简报》，《考古》1983 年第 5 期。

• 李宇峰：《辽宁建平县红山文化考古调查》，《考古与文物》1984 年第 2 期。

• 辽宁省博物馆文物工作队：《内蒙古翁牛特旗两处新石器时代遗址》，《内蒙古文物考古》1984 年总第 3 期。

• 方殿春、刘葆华：《辽宁阜新县胡头沟红山文化玉器的发现》，《文物》1984 年第 6 期。

• 郭大顺、张克举：《辽宁省喀左县东山嘴红山文化建筑群址发掘简报》，《文物》1984 年第 11 期。

• 中国社会科学院考古研究所内蒙古工作队：《内蒙古敖汉

旗兴隆洼遗址发掘简报》，《考古》1985年第10期。

•李恭笃、高美璇:《一种时代偏早的原始文化类型的发现——赴辽西走廊锦县、绥中考古调查记》,《北方文物》1986年第3期。

•李恭笃:《辽宁凌源县三官甸子城子山遗址试掘报告》,《考古》1986年第6期。

•辽宁省文物考古研究所:《辽宁牛河梁红山文化"女神庙"与积石冢群发掘简报》,《文物》1986年第8期。

•李恭笃:《内蒙古敖汉旗四棱山窑址发掘报告》,《史前研究》1987年第3期。

•董文义、韩仁信:《内蒙古巴林右旗那斯台遗址调查》,《考古》1987年第6期。

•刘晋祥、朱延平:《内蒙古敖汉旗赵宝沟一号遗址发掘简报》,《考古》1988年第1期。

•内蒙古文物考古研究所:《林西县白音长汗新石器时代遗址》,《中国考古学年鉴（1989）》,文物出版社，1990年。

•内蒙古文物考古研究所:《林西县白音长汗遗址发掘述要》,《内蒙古东部区考古学文化研究文集》,海洋出版社，1991年。

•邵国田:《敖汉旗南台地赵宝沟文化遗址调查》,《内蒙古文物考古》1991年第1期。

•巴林右旗博物馆:《巴林右旗古日古勒斯台新石器时代遗址调查简报》,《内蒙古文物考古》1992年第1期、第2期。

•刘志一:《克什克腾旗上店小河沿文化墓地及遗址调查简报》,《内蒙古文物考古》1992年Z1期。

•承德地区文物保管所、滦平县博物馆:《河北滦平县后台子遗址发掘简报》,《文物》1994年第3期。

· 内蒙古自治区文物考古研究所：《内蒙古林西县白音长汗新石器时代遗址发掘简报》，《考古》1993年第7期。

· 内蒙古文物考古研究所、吉林大学考古学系：《内蒙古林西县白音长汗新石器时代遗址1991年发掘简报》，《文物》1993年第7期。

· 内蒙古文物考古研究所：《巴林左旗友好村二道梁红山文化遗址发掘简报》，《内蒙古文物考古文集》第一辑，中国大百科全书出版社，1994年。

· 内蒙古文物考古研究所：《克什克腾旗南台子遗址发掘简报》，《内蒙古文物考古文集》第一辑，中国大百科全书出版社，1994年。

· 许志国：《法库县几处新石器时代遗址调查》，《辽海文物学刊》1996年第1期。

· 辽宁省文物考古研究所：《辽宁牛河梁第二地点一号冢21号墓发掘简报》，《文物》1997年第8期。

· 辽宁省文物考古研究所：《辽宁牛河梁第二地点四号冢筒形器墓的发掘》，《文物》1997年第8期。

· 辽宁省文物考古研究所：《辽宁牛河梁第五地点一号冢中心大墓（M1）发掘简报》，《文物》1997年第8期。

· 内蒙古文物考古研究所：《克什克腾旗南台子遗址》，《内蒙古文物考古文集》第二辑，中国大百科全书出版社，1997年。

· 张守义、彭立平：《围场县双水泉遗址调查简报》，《文物春秋》1999年第2期。

· 巴林右旗博物馆：《黑德宝龙新石器时代遗址调查简报》，《内蒙古文物考古》2000年第2期。

·朝格巴图:《查日斯台遗址调查简报》,《内蒙古文物考古》2000年第2期。

·内蒙古文物考古研究所、赤峰博物馆、巴林右旗博物馆:《查干诺尔新石器时代遗址调查简报》,《内蒙古文物考古》2000年第2期。

·中国社会科学院考古研究所内蒙古工作队:《内蒙古敖汉旗兴隆沟新石器时代遗址调查》,《考古》2000年第9期。

·中国社会科学院考古研究所内蒙古工作队、呼伦贝尔盟民族博物馆:《内蒙古海拉尔市团结遗址的调查》,《考古》2001年第5期。

·辽宁省文物考古研究所:《辽宁凌源市牛河梁遗址第五地点1998～1999年度的发掘》,《考古》2001年第8期。

·辽宁省文物考古研究所:《1998—1999年度牛河梁遗址第五地点发掘简报》,《考古》2001年第8期。

·内蒙古文物考古研究所:《林西县水泉村北山梁考古调查报告》,《内蒙古文物考古》2002年第1期。

·朝格巴图:《内蒙古巴林右旗查日斯台嘎查遗址的调查》,《考古》2002年第8期。

·赤峰联合考古调查队:《内蒙古赤峰地区1999年区域性考古调查报告》,《考古》2003年第5期。

·中国社会科学院考古研究所、内蒙古敖汉旗博物馆:《敖汉旗四家子红山文化积石冢》,《中国考古学年鉴(2002)》,文物出版社,2003年。

·赤峰中美联合考古研究项目:《内蒙古东部(赤峰)区域考古调查阶段性报告》,科学出版社,2004年。

•内蒙古自治区文物考古研究所：《白音长汗——新石器时代遗址发掘报告》，科学出版社，2004年。

•辽宁省文物考古研究所、朝阳市博物馆、朝阳县文物管理所：《朝阳小东山新石器至汉代遗址发掘报告》，《辽宁省道路建设考古报告集（2003）》，辽宁民族出版社，2004年。

•中国社会科学院考古研究所内蒙古工作队：《内蒙古赤峰市兴隆沟遗址2002～2003年的发掘》，《考古》2004年第7期。

•中国社会科学院考古研究所内蒙古第一工作队：《内蒙古赤峰市兴隆沟聚落遗址2002～2003年的发掘》，《考古》2004年第7期。

•连吉林、朴春月：《内蒙古科右中旗嘎查营子遗址调查》，《北方文物》2005年第1期。

•方殿春、刘晓鸿：《辽宁阜新县胡头沟红山文化积石冢的再一次调查与发掘》，《北方文物》2005年第2期。

•李新伟、邵国田：《内蒙古敖汉旗蚌河、老虎山河流域新石器时代遗址调查简报》，《考古》2005年第3期。

•内蒙古文物考古研究所：《内蒙古林西县水泉遗址发掘简报》，《考古》2005年第11期。

•席永杰、张国强：《内蒙古赤峰市康家湾红山文化及相关遗址调查报告》，《赤峰学院学报》（汉文哲学社会科学版）2006年第3期。

•吕富华：《昭苏河流域红山文化遗址调查报告》，《赤峰学院学报》（汉文哲学社会科学版）2008年第1期。

•内蒙古文物考古研究所、赤峰市博物馆：《元宝山哈喇海沟新石器时代遗址发掘报告》，《内蒙古文物考古》2008年第1期。

· 安徽省文物考古研究所：《安徽含山县凌家滩遗址第五次发掘的新发现》，《考古》2008 年第 3 期。

· 敖汉旗博物馆：《敖汉旗杜力营子新石器时代遗址调查简报》，《内蒙古文物考古》2009 年第 2 期。

· 吉平：《库伦旗四家子遗址考古发掘》，《2009 年内蒙古文物考古年报》2009 年总第 6 期。

· 辽宁省文物考古研究所、美国匹兹堡大学人类学系、美国夏威夷大学：《辽宁大凌河上游流域考古调查简报》，《考古》2010 年第 5 期。

· 塔拉、曹建恩、成璟瑭、王春雪：《内蒙古赤峰魏家窝铺遗址 2011 年发掘成果》，《中国文物报》2012 年。

· 内蒙古文物考古研究所、科左中旗文物管理所：《内蒙古科左中旗哈民忙哈新石器时代遗址 2010 年发掘简报》，《考古》2012 年第 3 期。

· 内蒙古文物考古研究所、吉林大学边疆考古研究中心：《内蒙古科左中旗哈民忙哈新石器时代遗址 2011 年的发掘》，《考古》2012 年第 7 期。

· 内蒙古自治区文物考古研究所：《翁牛特旗老牛槽沟红山文化遗址发掘简报》，《内蒙古文物考古文集》第四辑，科学出版社，2013 年。

· 内蒙古自治区文物考古研究所：《赤峰翁牛特旗杖房川遗址调查》，《内蒙古文物考古文集》第四辑，科学出版社，2013 年。

· 内蒙古自治区文物考古研究所：《翁牛特旗二道窝铺遗址发掘简报》，《内蒙古文物考古文集》第四辑，科学出版社，2013 年。

·内蒙古自治区文物考古研究所、赤峰市博物馆、翁牛特旗博物馆：《赤峰翁牛特旗下山湾遗址发掘简报》，《内蒙古文物考古文集》第四辑，科学出版社，2013年。

·侯申光、戴靓：《大凌河上游流域红山文化考古调查》，《辽宁省博物馆馆刊》2013年。

·李凤举：《内蒙古喀喇沁旗红山文化积石冢调查简报》，《北方文物》2013年第1期。

·内蒙古自治区文物考古研究所：《巴林左旗友好村新石器时代墓地发掘》，《草原文物》2014年第1期。

·党郁、孙金松、沈莎莎、李力：《赤峰市林西县柳树林红山文化遗址发掘简报》，《草原文物》2015年第1期。

·马凤磊、赵淑霞、于文荍、王泽、张英伟：《赤峰市敖汉旗七家红山文化遗址发掘报告》，《草原文物》2015年第1期。

·熊增珑、樊圣英、吴炎亮、李松海、辛宇、高铁：《辽宁朝阳市半拉山红山文化墓地的发掘》，《考古》2017年第2期。

·于怀石、熊增珑、樊圣英、郭明、陈利：《凌源市下台子红山文化遗址发掘简报》，《边疆考古研究》2021年第1期。

专著、论文集

·尹达：《新石器时代》，生活·读书·新知三联书店，1955年。

·中国科学院考古研究所：《梁思永考古论文集》，科学出版社，1959年。

·夏鼐：《中国大百科全书·考古学卷》，中国大百科全书出版社，1986年。

·中国社会科学院考古研究所：《中国考古学中碳十四年代

数据集（1965—1991）》，文物出版社，1991年。

·苏秉琦：《华人·龙的传人·中国人——考古寻根记》，辽宁大学出版社，1994年。

·王震中：《中国文明起源的比较研究》，陕西人民出版社，1994年。

·辽宁省文物考古研究所：《牛河梁红山文化遗址与玉器精粹》，文物出版社，1997年。

·苏秉琦：《中国文明起源新探》，生活·读书·新知三联书店，2019年。

·郭大顺：《龙出辽河源》，百花文艺出版社，2001年。

·费孝通：《玉魂国魄——中国古代玉器与传统文化学术讨论会文集》一，北京燕山出版社，2002年。

·于明：《红山文化》，中国档案出版社，2002年。

·于建设：《红山玉器》，远方出版社，2004年。

·田广林：《中国东北西辽河地区的文明起源》，中华书局，2004年。

·郭大顺：《红山文化》，文物出版社，2005年。

·赤峰学院红山文化国际研究中心：《红山文化研究——2004年红山文化国际学术讨论会论文集》，文物出版社，2006年。

·王时麒、赵朝洪、于洸、员雪梅、段体玉：《中国岫岩玉》，科学出版社，2007年。

·严文明：《早期中国：中华文明起源》，文物出版社，2009年。

·滕铭予：《GIS支持下的赤峰地区环境考古学研究》，科学出版社，2009年。

·中华玉文化中心等：《玉魂国魄——红山文化玉器精品展》，

浙江古籍出版社，2009年。

　·郭大顺：《红山文化考古记》，辽宁人民出版社，2009年。

　·郭大顺、洪殿旭：《红山文化玉器鉴赏》，文物出版社，2010年。

　·杨晶、蒋卫东：《玉魂国魄——中国古代玉器与传统文化学术讨论会文集》四，浙江古籍出版社，2010年。

　·中国社会科学院考古研究所：《中国考古学·新石器卷》，中国社会科学出版社，2010年。

　·刘国祥、陈启贤：《玉文化论丛（4）红山玉文化专号》，众志美术出版社股份有限公司，2011年。

　·石阳：《文物载千秋——巴林右旗博物馆文物精品荟萃》，内蒙古人民出版社，2012年。

　·北京艺术博物馆：《时空穿越——红山文化出土玉器精品展》，北京美术摄影出版社，2012年。

　·杨晶、蒋卫东：《玉魂国魄——中国古代玉器与传统文化学术讨论会文集》五，浙江古籍出版社，2012年。

　·王巍：《中国考古学大辞典》，上海辞书出版社，2014年。

　·刘国祥：《红山文化研究》，科学出版社，2016年。

　·［日］鸟居龙藏：《蒙古旅行》，商务印书馆，2018年。

　·郭大顺：《山海为伴——考古随想录》，文物出版社，2020年。

　·郭大顺：《捕捉火花——"苏秉琦学术思想"研读笔记》，文物出版社，2020年。

　·马海玉：《红山古国研究》，上海古籍出版社，2021年。

论 文

· 佟柱臣：《东北原始文化的分布与分期》，《考古》1961年第 10 期。

· 严文明：《黄河流域新石器时代早期文化的新发现》，《考古》1979 年第 1 期。

· 佟柱臣：《试论中国北方和东北地区含有细石器的诸文化问题》，《考古学报》1979 年第 4 期。

· 刘观民、徐光冀：《辽河流域新石器时代的考古发现与认识》，《中国考古学会第一次年会论文集（1979）》，文物出版社，1980 年。

· 苏秉琦、殷玮璋：《关于考古学文化的区系类型问题》，《文物》1981 年第 5 期。

· 苏秉琦：《燕山南北地区考古——1983 年 7 月在辽宁朝阳召开的燕山南北、长城地带考古座谈会上的讲话（摘要）》，《文物》1983 年第 12 期。

· 孙守道、郭大顺：《论辽河流域的原始文明与龙的起源》，《文物》1984 年第 6 期。

· 孙守道：《三星他拉红山文化玉龙考》，《文物》1984 年第 6 期。

· 贾鸿恩：《内蒙古翁牛特旗三星他拉村发现玉龙》，《文物》1984 年第 6 期。

· 方殿春、刘葆华：《辽宁阜新县胡头沟红山文化玉器墓的发现》，《文物》1984 年第 6 期。

· 俞伟超、严文明、张忠培等：《座谈东山嘴遗址》，《文物》

1984 年第 11 期。

•李宇峰：《概述建国以来红山文化的考古发现与研究进展》，《本溪丹东文集》1985 年。

•徐自强：《燕山南北长城地带也是中华民族古代文明的摇篮》，《北京日报》1985 年 6 月 5 日。

•李宇峰：《红山文化发现的石农具》，《农业考古》1985 年第 1 期。

•郭大顺、马沙：《以辽河流域为中心的新石器文化》，《考古学报》1985 年第 4 期。

•杨虎：《试论兴隆洼文化及相关问题》，《中国考古学研究——夏鼐先生考古五十年纪念论文集》，科学出版社，1986 年。

•《中华文明起源问题找到新线索——辽西发现五千年前祭祀女神庙积石冢群址》，《光明日报》1986 年 7 月 25 日。

•孙守道、郭大顺：《牛河梁红山文化女神头像的发现与研究》，《文物》1986 年第 8 期。

•苏秉琦：《辽西古文化古城古国——兼谈当前田野考古工作的重点或大课题》，《文物》1986 年第 8 期。

•高美璇、李恭笃：《辽宁凌源县三官甸子城子山红山文化遗存分析探索》，《考古》1986 年第 8 期。

•许玉林、金石柱：《辽宁丹东地区鸭绿江右岸及其支流新石器时代遗存》，《考古》1986 年第 10 期。

•刘观民：《西拉木伦河流域不同系统的考古学文化分布区域的变迁》，《考古学文化论集》一，文物出版社，1987 年。

•李民：《试论牛河梁东山嘴红山文化的归属：中国古代文明探源之一》，《郑州大学学报》（哲学社会科学版）1987 年第

2 期。

· 张博泉：《对辽西发现五千年前文明曙光的历史蓝测》，《辽海文物学刊》1987 年第 2 期。

· 孙守道：《辽西神秘山谷里的考古新发现》，《理论与实践》1987 年第 2 期、第 4 期。

· 李宇峰：《试论西辽河流域的红山文化》，《东北地方史研究》1987 年第 3 期。

· 蔺辛建：《红山文化与古史传说》，《北方文物》1987 年第 3 期。

· 李恭笃、高美璇：《内蒙古敖汉旗四棱山红山文化窑址》，《史前研究》1987 年第 4 期。

· 何贤武：《从红山文化的最新发现看中国文明的起源》，《辽宁大学学报》1987 年第 4 期。

· 栾丰实：《试论富河文化的社会经济形态》，《史前研究》1987 年第 4 期。

· 安志敏：《试论文明的起源》，《考古》1987 年第 5 期。

· 陈星灿：《文明诸因素的起源与文明时代——兼论红山文化还没有进入文明时代》，《考古》1987 年第 5 期。

· 中国社会科学院考古研究所内蒙古工作队：《内蒙古敖汉旗小山遗址》，《考古》1987 年第 6 期。

· 光远：《试论内蒙古赤峰市及辽宁省西部新石器遗存的相关问题》，《内蒙古社会科学》（文史哲版）1987 年第 6 期。

· 高美璇：《红山文化的考古新发现》，《先秦史研究动态》1988 年第 1 期。

· 李恭笃：《辽宁原始文化区系划分与类型研究》，《辽宁

大学学报》1988 年第 2 期。

　·蔡凤书：《中华文明起源"新说"驳议》，《文史哲》1988 年第 4 期。

　·王震中：《东山嘴原始祭坛与中国古代的社崇拜》，《世界宗教研究》1988 年第 4 期。

　·苏秉琦：《中华文明的新曙光》，《东南文化》1988 年第 5 期。

　·郭大顺：《辽西古文化的新认识》，《庆祝苏秉琦考古五十五年论文集》，文物出版社，1989 年。

　·杨虎：《关于红山文化的几个问题》，《庆祝苏秉琦考古五十五年论文集》，文物出版社，1989 年。

　·高美璇：《试论红山文化墓葬》，《北方文物》1989 年第 1 期。

　·许玉林：《东北地区新石器时代文化概述》，《辽海文物学刊》1989 年第 1 期。

　·王惠德：《论红山文化代表的中国古代文明》，《昭乌达蒙族师专学报》（汉文哲社版）1989 年第 2 期。

　·许永杰：《东北境内新石器时代筒形罐的谱系研究》，《北方文物》1989 年第 2 期。

　·白云翔、顾智界：《中国文明起源座谈会纪要》，《考古》1989 年第 12 期。

　·李宇峰：《东北地区新石器时代原始农业初探》，《中国考古学会第六次年会论文集 1987》，文物出版社，1990 年。

　·［日］林巳奈夫：《红山文化出土的所谓马蹄形玉箍》，《中国文物报》1990 年。

　·张永江：《论红山文化的几个问题》上，《昭乌达蒙族师专学报》（汉文哲社版）1990 年第 1 期。

• 郑隆:《略述内蒙古北部边疆部分地区的"石头墓"和"石板墓"》,《内蒙古社会科学》(文史哲版) 1990 年第 1 期。

• 陈星灿:《红山文化彩陶筒形器是陶鼓推考》,《北方文物》1990 年第 1 期。

• 张永江:《论红山文化的几个问题》下,《昭乌达蒙族师专学报》(汉文哲社版) 1990 年第 2 期。

• 彭邦本:《牛河梁遗址与文明起源的诸因素》,《昭乌达蒙族师专学报》(汉文哲社版) 1990 年第 3 期。

• 孙敬明:《中华文明多元一体构成的格局——从红山文化的积石遗存和玉器谈起》,《昭乌达蒙族师专学报》(汉文哲社版) 1990 年第 3 期。

• 陈星灿:《丰产巫术与祖先崇拜——红山文化出土女性塑像试探》,《华夏考古》1990 年第 3 期。

• 孙守道:《从牛河梁"红山金字塔"的神秘面纱说起:辽宁三大考古遗址巡礼之二》,《理论与实践》1990 年第 12 期。

• 华泉:《牛河梁的"庙、坛、冢":红山文化文明起源的象征》,《瞭望周刊》1990 年第 15 期。

• 张星德:《红山文化分期探索》,《考古》1991 年第 8 期。

• 孔昭宸等:《内蒙古自治区赤峰市距今 8000 ~ 2400 年间环境考古学的初步研究》,《环境考古研究》第一辑,科学出版社,1991 年。

• 朱延平:《辽西区新石器时代考古学文化纵横》,《内蒙古东部区考古学文化研究》,海洋出版社,1991 年。

• 张忠培:《关于内蒙古东部地区考古的几个问题——在内蒙古东部地区考古学术研讨会上的发言》,《内蒙古东部区考古

学文化研究文集》，海洋出版社，1991年。

• 冯恩学：《东北平底筒形罐区系研究》，《北方文物》1991年第4期。

• 苏秉琦：《关于重建中国史前史的思考》，《考古》1991年第12期。

• 严文明：《略论中国文明的起源》，《文物》1992年第1期。

• 孙守道：《关于牛河梁之行的通信》，《北方文物》1992年第3期。

• 郭治中：《论白音长汗发掘的女神像及其崇拜性质》，《青果集——吉林大学考古专业成立二十周年考古论文集》，知识出版社，1993年。

• 尚晓波：《牛河梁红山文化遗存丧葬习俗初探》，《青果集——吉林大学考古专业成立二十周年考古论文集》，知识出版社，1993年。

• 邵望平、汪遵国：《迎接中国考古学的新世纪——中国考古学会理事长苏秉琦教授访谈录》，《东南文化》1993年第1期。

• 冯时：《红山文化三环石坛的天文学研究——兼论中国最早的圈丘与方丘》，《北方文物》1993年第1期。

• 张锡瑛：《红山文化原始宗教探源——原始宗教考古研究之二》，《辽海文物学刊》1993年第1期。

• 王嗣洲：《试论红山文化社会经济形态》，《博物馆研究》1993年第3期。

• 内蒙古自治区文物考古研究所：《内蒙古林西县白音长汗新石器时代遗址发掘简报》，《考古》1993年第7期。

• ［日］秋山进午：《红山文化和先红山文化：赤峰红山考

古之一》，《明乌达蒙族师专学报》1993 年增刊。

·苏秉琦：《蔚县三关考古工地座谈会讲话要点》，《华人·龙的传人·中国人——考古寻根记》，辽宁大学出版社，1994 年。

·徐光冀：《乌尔吉木伦河流域的三种史前文化》，《内蒙古文物考古文集》第一辑，中国大百科全书出版社，1994 年。

·内蒙古文物考古研究所：《宁城县包古鲁红山文化至辽代墓葬和遗址》，《中国考古学年鉴（1992）》，文物出版社，1994 年。

·内蒙古文物考古研究所：《巴林左旗友好村二道梁红山文化遗址》，《内蒙古文物考古文集》第一辑，中国大百科全书出版社，1994 年。

·徐光冀：《乌尔吉木伦河流域的三种史前文化》，《内蒙古文物考古文集》第一辑，1994 年。

·朱延平：《富河文化的若干问题》，《内蒙古文物考古文集》第一辑，1994 年。

·张景明：《巴林左旗二道梁红山文化遗址细石器》，《内蒙古文物考古》1994 年第 1 期。

·魏凡：《辽宁牛河梁红山文化第三地点积石冢石棺墓》，《辽海文物学刊》1994 年第 1 期。

·何贤武：《辽西地区文明探源》，《江海文物学刊》1994 年第 1 期。

·王未想：《巴林左旗出土的红山文化玉器》，《辽海文物学刊》1994 年第 1 期。

·张启成：《红山文化的特征及其兴衰初探》，《贵州社会科学》1994 年第 4 期。

• 杨虎：《辽西地区新石器——铜石并用时代考古文化序列与分期》，《文物》1994 年第 5 期。

• 任式楠：《兴隆洼文化的发现及其意义——兼与华北同时期的考古学文化相比较》，《考古》1994 年第 8 期。

• 布谷：《关于"红山古国"的几个问题》，《中国北方古代文化国际学术研讨会文集》，文史出版社，1995 年。

• 刘观民：《红山后发掘以来赤峰地区考古发现中提出的问题与认识》，《中国北方古代文化国际学术研讨会论文集》，中国文史出版社，1995 年。

• 王承礼、李亚泉：《论中国古代北方文化》，《中国北方古代文化国际学术研讨会论文集》，中国文史出版社，1995 年。

• 刘素侠：《红山文化与西辽河流城的原始文明》，《中国北方古代文化国际学术研讨会论文集》，中国文史出版社，1995 年。

• 薛志强：《红山诸文化与中华文明》，《中国北方古代文化国际学术研讨会论文集》，中国文史出版社，1995 年。

• 严文明：《中国古代文化三系统说（提要）——兼论赤峰地区在中国古代文化发展中的地位》，《中国北方古代文化国际学术研讨会论文集》，中国文史出版社，1995 年。

• 李恭笃等：《辽东地区石筑墓与弦纹壶有关问题研究》，《辽海文物学刊》1995 年第 1 期。

• 郭大顺：《辽宁史前考古与辽河文明探源》，《辽海文物学刊》1995 年第 1 期。

• 吴汝祚：《论老哈河、大凌河地区的文明起源》，《北方文物》1995 年第 1 期。

• 赵永军：《东北地区新石器时代的房址》，《北方文物》

1995 年第 2 期。

• 张锡瑛：《辽西地区原始文化的祖先崇拜与生殖崇拜》，《中国考古学会第八次年会论文集》，文物出版社，1996 年。

• 索秀芬、李少兵：《试论赵宝沟文化》，《内蒙古文物考古》1996 年。

• 严文明：《中国文明起源的探索》，《中原文物》1996 年第 1 期。

• 严文明：《中国王基的出现》，《考古与文物》1996 年第 1 期。

• 布谷：《猪龙根三部曲——生殖：赵宝沟文化雄性野猪龙的浪漫主义神话 礼治：伏羲氏"龙师"是红山文化的特定产物 崇祖：殷商甲骨文的"龙"字都是雄性野猪龙》，《昭乌达蒙族师专学报》（汉文哲学社会科学版）1996 年第 1 期。

• 刘晋祥、董新林：《浅论赵宝沟文化的农业经济》，《考古》1996 年第 2 期。

• 佳木斯市文物管理站、饶河县文物管理所：《黑龙江饶河县小南山新石器时代墓葬》，《考古》1996 年第 2 期。

• 郭大顺：《玉器的起源与渔猎文化》，《北方文物》1996 年第 4 期。

• 郭大顺：《红山文化勾云形玉佩研究》，《故宫文物月刊》1996 年第 164 期。

• 郭大顺：《中华五千年文明的象征：牛河梁红山文化坛庙冢》，《牛河梁红山文化遗址与玉器精粹》，文物出版社，1997 年。

• 连吉林：《内蒙古史前石刃骨器初论》，《内蒙古文物考古文集》第二辑，中国大百科全书出版社，1997 年。

• 朱延平：《东北地区南部公元前三千纪初以远的新石器考

古学文化编年、谱系及相关问题》，《考古学文化论集》四，文物出版社，1997年。

　　·王锡平：《试论环渤海地区史前文化的关系与文明》，《考古学文化论集》四，文物出版社，1997年。

　　·张志立、陈国庆：《辽宁及内蒙古东部地区新石器时代居址习俗初探》，《考古学文化论集》四，文物出版社，1997年。

　　·赵振生：《辽宁阜新胡头沟新石器时代红山文化积石冢二次清理研究探索》，《中国考古集成》东北卷五，1997年。

　　·张忠培：《中国古代文明之形成论纲》，《考古与文物》1997年第1期。

　　·杨虎、刘国祥：《兴隆洼文化居室弗俗及相关问题探讨》，《考古》1997年第1期。

　　·冯恩学：《我国东北与贝加尔湖周围地区新石器时代文化交流的三个问题》，《辽海文物学刊》1997年第2期。

　　·郭大顺：《先走一步的辽河文明——苏秉琦先生学术活动和学术思想追忆之三》，《辽海文物学刊》1997年第2期。

　　·邵望平、俞伟超：《百万年连绵不断的中华文化——苏秉琦谈考古学的中国梦》，《内蒙古文物考古》1997年第2期。

　　·孙守道：《情钟红山，魂驻渤海》，《辽海文物学刊》1997年第2期。

　　·郭大顺：《红山文化的"唯玉为葬"与辽河文明起源特征再认识》，《文物》1997年第8期。

　　·华玉冰、杨荣昌：《红山文化墓葬剖析》，《青果集——吉林大学考古系建系十周年纪念文集》，知识出版社，1998年。

　　·张宏彦：《东亚地区史前石铁的初步研究》，《考古》

1998 年第 3 期。

  • 张彤：《北方远古文明：红山文化》，《理论研究》1998 年第 4 期。

  • 杜金鹏：《红山文化"勾云形"类玉器探讨》，《考古》1998 年第 5 期。

  • 刘国祥：《红山文化勾云形玉器研究》，《考古》1998 年第 5 期。

  • 郭大顺：《论东北文化区及其前沿》，《文物》1999 年第 8 期。

  • 郭大顺：《牛河梁红山文化遗址的新发现与新认识》，《故宫文物月刊》1998 年第 11 期。

  • 李作智：《应当为"新石器时代"正名——兼论"陶器时代"》，《中国历史博物馆考古部纪念文集》，科学出版社，2000 年。

  • 苏布德：《洪格力图红山文化墓葬》，《内蒙古文物考古》2000 年第 2 期。

  • 刘国祥：《关于赵宝沟文化的几个问题》，《北方文物》2000 年第 2 期。

  • 李延祥：《辽宁省凌源县牛河梁出土的炉壁研究》，《有色金属》2000 年第 3 期。

  • 夏正惜、邓辉、武弘麟：《内蒙西拉木伦河流域考古文化演变的地貌背景分析》，《地理学报》2000 年第 3 期。

  • 杨亚长：《谈庙底沟类型》，《中原文物》2000 年第 5 期。

  • 郝凤亮：《红山文化的五孔骨箫》，《乐器》2000 年第 5 期。

  • 刘国祥：《牛河梁玉器初步研究》，《文物》2000 年第 6 期。

  • 任式楠：《我国新石器时代聚落的形成与发展》，《考古》2000 年第 7 期。

• 杨建华：《赤峰东山嘴遗址布局分析及其相关问题》，《北方文物》2001 年第 1 期。

• 林西县文管所：《林西县发现红山文化石雕像》，《内蒙古文物考古》2001 年第 2 期。

• 刘国祥：《兴隆洼文化聚落形态初探》，《考古与文物》2001 年第 6 期。

• 刘国祥：《赵宝沟文化聚落形态及相关问题研究》，《文物》2001 年第 9 期。

• 莫多闻、杨晓燕、王辉、李水城、郭大顺、朱达：《红山文化牛河梁遗址形成的环境背景与人地关系研究》，《第四纪研究》2002 年第 2 期。

• 朱延平：《辽西区新石器时代玉器的若干问题》，《玉魂国魄——中国古代玉器与传统文化学术讨论会文集》，北京燕山出版社，2002 年。

• 邓淑苹：《红山文化勾云与带齿类玉饰的研究》，《玉魂国魄——中国古代玉器与传统文化学术讨论会文集》，北京燕山出版社，2002 年。

• 吕学明、朱达：《牛河梁红山文化墓葬分期及相关问题》，《玉魂国魄——中国古代玉器与传统文化学术讨论会文集》，北京燕山出版社，2002 年。

• 郭大顺：《东北文化区的提出及意义》，《边疆考古研究》第一辑，科学出版社，2002 年。

• 李水城：《西拉木伦河流域古文化变迁及人地关系》，《边疆考古研究》第一辑，科学出版社，2002 年。

• 安志敏：《论"文明的曙光"和牛河梁遗址的考古实证》，

《北方文物》2002 年第 1 期。

·秦守雍：《对红山文化典型器物的再认识》，《辽宁广播电视大学学报》2002 年第 4 期。

·刘国祥：《兴隆洼文化居室葬俗再认识》，《华夏考古》2003 年第 1 期。

·安志敏：《关于牛河梁遗址的重新认识：非单一的文化遗存以及"文明的曙光"之商榷》，《考古与文物》2003 年第 1 期。

·张雪莲、王金霞、冼自强、仇士华：《古人类食物结构研究》，《考古》2003 年第 2 期。

·李宜垠、崔海亭、胡金明：《西辽河流域古代文明的生态背景分析》，《第四纪研究》2003 年第 3 期。

·江林昌：《中国早期文明的起源模式与演进轨迹》，《学术研究》2003 年第 7 期。

·邓聪：《东亚玦饰的起源与扩散》，《东方考古》第一集，科学出版社，2004 年。

·刘国祥：《兴隆沟聚落遗址发掘收获及意义》，《东北文物考古论集》，科学出版社，2004 年。

·刘国祥：《兴隆洼文化玉玦及相关问题研究》，《东北文物考古论集》，科学出版社，2004 年。

·刘国祥：《浅谈聚落形态考古》，《东北文物考古论集》，科学出版社，2004 年。

·刘国祥：《论红山文化建筑与手工业技术进步》，《东北文物考古论集》，科学出版社，2004 年。

·刘国祥：《红山文化无底筒形器的考古发现及其功用》，《东北文物考古论集》，科学出版社，2004 年。

• 索秀芬、郭治中：《白音长汗遗址小河西文化遗存》，《边疆考古研究》2004 年。

• 郭大顺：《关于辽西区文明起源道路与特点的思考》，《文史哲》2004 年第 1 期。

• 朱乃诚：《略谈苏秉琦晚年的学术研究主线——苏秉琦与中国文明起源研究之一》，《中原文物》2004 年第 1 期。

• 朱乃诚：《苏秉琦开展中国文明起源研究的思想发轫过程——苏秉琦与中国文明起源研究之二》，《中原文物》2004 年第 2 期。

• 朱乃诚：《苏秉琦 20 世纪 80 年代后期的中国文明起源研究——苏秉琦与中国文明起源研究之三》，《中原文物》2004 年第 3 期。

• 靳桂云：《燕山南北长城地带中全新世气候环境的演化及影响》，《考古学报》2004 年第 4 期。

• 赵志军：《探寻中国北方旱作农业起源的新线索》，《中国文物报》2004 年 11 月 12 日。

• 赵宾福：《关于小河沿文化的几点认识》，《文物》2005 年第 7 期。

• 吴耀利：《关于红山文化的内涵问题》，《新世纪的中国考古学——王仲殊先生八十华诞纪念论文集》，科学出版社，2005 年。

• 陈国庆：《兴隆洼文化分期及相关问题探讨》，《边疆考古研究》第三辑，科学出版社，2005 年。

• 索秀芬：《西辽河流域全新世人地关系》，《边疆考古研究》第四辑，科学出版社，2005 年。

·索秀芬：《河西文化初论》，《考古与文物》2005年第1期。

·田广林：《论史前中国东北地区的文明进程——以西辽河地区为中心》，《辽宁师范大学学报》（社会科学版）2005年第1期。

·王立新：《辽西区史前社会的复杂化进程》，《吉林大学社会科学学报》2005年第2期。

·栾秉璈：《史前古玉玉质及玉料来源问题研究》，《南阳师范学院学报》2005年第2期。

·索秀芬：《试论白音长汗类型》，《考古与文物》2005年第4期。

·朱乃诚：《苏秉琦重建中国古史框架的努力和中国文明起源研究——苏秉琦与中国文明起源研究之五》，《中原文物》2005年第5期。

·郭大顺：《龙凤呈祥：从红山文化龙凤玉雕看辽河流城在中国文化起源史上的地位》，《文化学刊》2006年第1期。

·张星德：《无底筒形器与红山文化文明进程》，《文物世界》2005年第6期。

·严文明：《红山文化五十年：在红山文化国际学术研讨会上的讲话》，《红山文化研究：2004年红山文化国际学术研讨会论文集》，文物出版社，2006年。

·张弛：《比较视野中的红山社会》，《红山文化研究：2004年红山文化国际学术研讨会论文集》，文物出版社，2006年。

·郭治中：《白音长汗遗址第二期乙类遗存聚落形态和人类行为浅析》，《红山文化研究——2004年红山文化国际学术研讨会论文集》，文物出版社，2006年。

· 郭大顺：《红山文化与中国文明起源的道路与特点》，《红山文化研究：2004年红山文化国际学术研讨会论文集》，文物出版社，2006年。

· 王巍：《关于中华文明起源研究的几个问题》，《中国社会科学院院报》2006年。

· 田广林：《玉器的发生与中华礼制文明的起源》，《赤峰学院学报·红山文化研究专辑》2006年。

· 王小庆：《兴隆洼与赵宝沟遗址出土细石叶的微痕研究——兼论兴隆洼文化和赵宝沟文化的生业形态》，《西部考古》2006年。

· 张星德：《论小河沿文化与红山文化的关系》，《辽宁省博物馆馆刊》2006年。

· 张星德、金仁安：《红山文化聚落的层次化演变与文明起源》，《理论界》2006年第1期。

· 索秀芬、李少兵：《小河沿文化分期初探》，《考古与文物》2006年第1期。

· 刘国祥：《兴隆沟遗址第一地点发掘回顾与思考》，《内蒙古文物考古》2006年第2期。

· 刘国祥：《兴隆洼文化与富河文化比较研究》，《北方文物》2006年第2期.

· 王巍：《聚落形态研究与中华文明探源》，《文物》2006年第5期。

· 张星德：《小河沿文化陶器分群研究》，《辽宁师范大学学报》2006年第5期。

· 朱延平：《红山文化彩陶纹样探源》，《边疆考古研究》第六辑，科学出版社，2007年。

・张星德：《关于赵宝沟文化石耜功能的考察》，《辽宁省博物馆馆刊》2007 年。

・孙力、齐伟：《从红山文化鹰图腾崇拜看勾云形玉佩礼器功能的演变》，《辽宁省博物馆馆刊》2007 年。

・陶治强：《浅析凌家滩、红山文化玉龙、玉龟的文化内涵——兼谈史前社会晚期的几个特点》，《文物春秋》2007 年第 1 期。

・陶治强、张后武：《读解凌家滩、红山文化玉龙的社会文化内涵——兼谈史前文明因素特点》，《巢湖学院学报》2007 年第 1 期。

・连吉林：《试论南台子类型》，《内蒙古文物考古》2007 年第 1 期。

・冯文学：《对牛河梁红山遗址第十六地点的考古发掘与认识》，《辽宁师专学报》（社会科学版）2007 年第 5 期。

・索秀芬：《李少兵西梁文化初论》，《内蒙古文物考古》2007 年第 2 期。

・索秀芬、李少兵：《小河沿文化类型》，《边疆考古研究》2007 年。

・郭大顺：《红山文化研究》，《中国考古学研究的世纪回顾·新石器时代考古卷》，科学出版社，2008 年。

・于建设：《红山文化的社会性质》，《赤峰学院学报·红山文化研究专辑》（汉文哲社版）2008 年。

・索秀芬、李少兵：《小河沿文化年代和源流》，《边疆考古研究》2008 年。

・朱乃诚：《三星他拉与龙的年代》，《中国文物报》2008 年 2 月 1 日。

• 朱乃诚：《苏秉琦学术体系的形成和尚待研究证实的两个问题——苏秉琦与中国文明起源研究》,《东南文化》2008年第1期。

• 朱乃诚：《红山文化兽面玦形玉饰研究》,《考古学报》2008年第1期。

• 索秀芬,李少兵：《赵宝沟文化与周围考古学文化的关系》,《内蒙古文物考古》2008年第2期。

• 朱乃诚：《从考古学角度探索中国古史的一部传世著作——读〈华人·龙的传人·中国人——考古寻根记〉》,《南方文物》2008年第2期。

• 张星德：《海金山遗址勾形玉器引发的思考——三星他拉式玉龙年代与文化属性考察》,《文博》2008年第2期。

• 赵宾福：《关于赵宝沟文化的聚落形态问题》,《华夏考古》2008年第3期。

• 陈国庆：《红山文化研究》,《华夏考古》2008年第3期。

• 郭大顺：《东北文化与红山文明》,《东北史地》2008年第5期。

• 田广林：《东北古玉的发生与中华礼制文明的起源》,《东北史地》2008年第5期。

• 张星德：《辽西地区新石器文化工具的量化研究与农业水平评估——兼论辽西地区文明起源的特点》,《东北史地》2008年第6期。

• 郭大顺：《红山文化"玉巫人"的发现与"萨满式文明"的有关问题》,《文物》2008年第10期。

• 孙力、齐伟：《从红山文化鹰图腾崇拜看勾云形玉佩礼器功能的演变》,《辽宁省博物馆学术论文集（1999—2008）》第一册，辽宁省博物馆，2009 年。

·周晓晶：《承前启后的红山文化玉器——牛河梁第二地点一号冢 21 号墓玉器研究》，《辽宁省博物馆学术论文集（1999—2008）》第一册，辽宁省博物馆，2009 年。

·周晓晶：《红山文化几何形造型玉器研究》，《辽宁省博物馆学术论文集（1999—2008）》第一册，辽宁省博物馆，2009 年。

·周晓晶：《红山文化玉器的创型理念与使用功能研究》，《辽宁省博物馆学术论文集（1999—2008）》第一册，辽宁省博物馆，2009 年。

·周晓晶：《红山文化动物形和人形玉器研究》，《辽宁省博物馆学术论文集（1999—2008）》第一册，辽宁省博物馆，2009 年。

·周晓晶：《红山文化勾云形器研究回顾及新探》，《辽宁省博物馆学术论文集（1999—2008）》第一册，辽宁省博物馆，2009 年。

·郑晓辉：《浅议红山文化玉猪龙》，《辽宁省博物馆学术论文集（1999—2008）》第一册，辽宁省博物馆，2009 年。

·蔺新建：《红山文化与古史传说》，《辽宁省博物馆学术论文集（1999—2008）》第一册，辽宁省博物馆，2009 年。

·陈国庆：《浅析小河沿文化与其他考古学文化的互动关系》，《边疆考古研究》2009 年。

·索秀芬、李少兵：《小河沿文化聚落形态》，《内蒙古文物考古》2009 年第 1 期。

·杨虎、林秀贞：《内蒙古敖汉旗榆树山、西梁遗址出土遗物综述》，《北方文物》2009 年第 2 期。

·杨虎、林秀贞：《内蒙古敖汉旗小河西遗址简述》，《北方文物》2009 年第 2 期。

·李伯谦：《中国古代文明演进的两种模式——红山、良渚、仰韶大墓随葬玉器观察随想》，《文物》2009 年第 3 期。

·辽宁省文物考古研究所：《凌源市西梁头红山文化石棺墓地的发掘与研究》，《玉魂国魄——中国古代玉器与传统文化学术讨论会文集》四，浙江古籍出版社，2010 年。

·刘斌：《文化的传承与演变——关于良渚文化与红山文化的思考》，《玉魂国魄——中国古代玉器与传统文化学术讨论会文集》四，浙江古籍出版社，2010 年。

·王来柱：《凌源市西梁头红山文化石棺墓地的发掘与研究》，《玉魂国魄——中国古代工器与传统文化学术讨论会文集》四，浙江古籍出版社，2010 年。

·朱永刚、王立新：《敖恩套布和西固仁茫哈遗址复查与遗存辨析》，《边疆考古研究》第九辑，科学出版社，2010 年。

·刘雅婷、于长江：《喀左县朝阳洞小河沿文化洞穴遗存》，《辽宁省博物馆馆刊》2010 年。

·韩茂莉：《史前时期西辽河流域聚落与环境研究》，《考古学报》2010 年第 1 期。

·吉林大学边疆考古研究中心、科左中旗文物管理所：《科左中旗白菜营子遗址复查与遗存试析》，《内蒙古文物考古》2010 年第 2 期。

·杨虎、林秀贞：《内蒙古敖汉旗红山文化西台类型遗址简述》，《北方文物》2010 年第 3 期。

·张星德、马海玉：《小河沿文化的时空框架》，《北方文物》

2010 年第 3 期。

• 雷广臻：《红山文化新论》，《理论界》2010 年第 7 期。

• 高文金：《浅论红山文化的建筑伦理：兼谈与地名渊源之关系》，《中国地名》2010 年第 10 期。

• 陈小三、王立新、吉平：《内蒙古库伦旗查干朝鲁台遗址的调查与初步认识》，《边疆考古研究》第十辑，科学出版社，2011 年。

• 辽宁省文物考古研究所：《凌源市田家沟红山文化墓葬群》，《中国考古学年鉴（2010）》，文物出版社，2011 年。

• 郑钧夫、朱永刚：《内蒙古科右中旗嘎查营子史前遗址复查与初步研究》，《边疆考古研究》第十辑，科学出版社，2011 年。

• 陈国庆：《浅析兴隆洼文化与其他考古学文化的关系》，《边疆考古研究》2011 年。

• 席永杰、滕海键：《赵宝沟文化研究述论》，《赤峰学院学报》（汉文哲学社会科学版）2011 年。

• 索秀芬、李少兵：《赵宝沟文化聚落》，《边疆考古研究》2011 年。

• 内蒙古自治区文物考古研究所：《科右中旗哈尔沁新石器时代遗址》，《草原文物》2011 年第 1 期。

• 陈胜前：《燕山——长城南北地区史前文化的适应变迁》，《考古学报》2011 年第 1 期。

• 王闯：《兴隆洼文化居室墓葬的认知考古学分析》，《草原文物》2011 年第 1 期。

• 索秀芬、李少兵：《红山文化研究》，《考古学报》2011 年第 3 期。

• 段天璟、成璟瑭、曹建恩：《红山文化聚落遗址研究的重要发现——2010年赤峰魏家窝铺遗址考古发掘的收获与启示》,《吉林大学社会科学学报》2011年第4期。

• 赵宾福、薛振华：《辽宁朝阳小东山红山文化遗存的分期研究》,《东北史地》2011年第6期。

• 郭宝平：《兴隆洼遗址补齐"历史拼图"》,《辽宁日报》2011年第7期。

• 朱永刚、吉平：《关于南宝力皋吐墓地文化性质的几点思考》,《考古》2011年第11期。

• 刘国祥：《巴林右旗史前玉器的发现及重要意义》,《中国文物报》2011年7月22日。

• 郭大顺、黄翠萍：《红山文化斜口筒形器龟壳说——凌家滩的启示》,《玉魂国魄——中国古代玉器与传统文化学术讨论会文集》,浙江古籍出版社,2012年。

• 邓聪、刘国祥：《牛河梁遗址出土玉器技术初探》,《牛河梁——红山文化遗址发掘报告（1983～2003年度）》中册,文物出版社,2012年。

• 黄蕴平：《牛河梁遗址出土动物骨骼鉴定报告》,《牛河梁——红山文化遗址发掘报告（1983～2003年度）》中册,文物出版社,2012年。

• 赵宾福、薛振华：《以陶器为视角的红山文化发展阶段研究》,《考古学报》2012年第1期。

• 孙永刚、曹建恩、井中伟等：《魏家窝铺遗址2009年度植物浮选结果分析》,《北方文物》2012年第1期。

• 原海兵、朱泓：《牛河梁红山文化人群龋齿的统计与分析》,

《人类学学报》2012年第1期。

•陈继玲、陈胜前：《兴隆洼文化筒形罐的纹饰艺术分析》，《边疆考古研究》2012年第1期。

•田广林、刘特特：《中国文明起源的辽西个案观察》，《辽宁师范大学学报》（社会科学版）2012年第3期。

•叶舒宪：《中国玉器起源的神话学分析——以兴隆洼文化玉玦为例》，《民族艺术》2012年第3期。

•朱永刚：《探索内蒙古科尔沁地区史前文明的重大考古新发现——哈民忙哈遗址发掘的主要收获与学术意义》，《吉林大学社会科学学报》2012年第4期。

•赵宾福、刘伟、杜战伟：《"富河文化"与赵宝沟文化的地方类型》，《考古》2012年第11期。

•唐亦阳：《兴隆沟红山文化整身陶人发现的意义》，《中国社会科学报》2012年10月24日。

•栾丰实：《试论牛河梁及周边地区的红山晚期社会》，《红山文化学术研讨会论文集》，辽宁人民出版社，2013年。

•山西省文物资料信息中心、开鲁县文物管理所、吉林大学边疆考古研究中心：《内蒙古开鲁县小泡子遗址的调查与初步认识》，《边疆考古研究》第十三辑，科学出版社，2013年。

•林秀贞、杨虎：《红山文化西台类型的发现与研究》，《考古学集刊》十九，科学出版社，2013年。

•邵淼：《红山文化玉器真伪对比鉴定初探》，《春草集（二）——吉林省博物馆协会第二届学术研讨会论文集》，吉林省博物馆协会，2013年。

•赵宾福、任瑞波、杜战伟：《小河沿文化界说》，《北方文物》

2013 年第 1 期。

• 朱乃诚：《辽西地区早期文明的特点及相关问题》，《考古》2013 年第 5 期。

• 李建宇、刘冰、刘飞飞、吕红、王国强、李丰衣：《兴隆洼文化"玉玦儋耳"内涵与"胆主决断"理论渊源考释》，《中医学报》2013 年第 11 期。

• 刘未：《鸟居龙藏与中国考古学》，《边疆考古研究》第十五辑，科学出版社，2014 年。

• 赵宾福：《小河西文化检析》，《考古学研究》2014 年第 1 期。

• 史静慧：《华夏第一村——兴隆洼遗址》，《内蒙古画报》2014 年第 1 期。

• 刘赫东、田广林：《兴隆洼文化查海遗址出土玉器发微》，《赤峰学院学报》（汉文哲学社会科学版）2014 年第 1 期。

• 朱泓、周亚威、张全超、吉平：《哈民忙哈遗址房址内人骨的古人口学研究——史前灾难成因的法医人类学证据》，《吉林大学社会科学学报》2014 年第 1 期。

• 陈声波：《红山文化与良渚文化玉礼器的比较研究》，《边疆考古研究》2014 年第 1 期。

• 刘赫东、田广林：《兴隆洼文化查海遗址出土玉器发微》，《赤峰学院学报》（汉文哲学社会科学版）2014 年第 1 期。

• 朱泓、周亚威、张全超、吉平：《哈民忙哈遗址房址内人骨的古人口学研究——史前灾难成因的法医人类学证据》，《吉林大学社会科学学报》2014 年第 1 期。

• 索秀芬、李少兵：《燕山南北地区新石器时代考古学文化序列和格局》，《考古学报》2014 年第 3 期。

・乔玉：《兴隆洼文化房屋内遗存所反映的性别问题》，《北方文物》2014 年第 4 期。

・陈国庆、梅术文：《小河沿文化火烧墓坑及烧骨葬俗初探》，《北方文物》2014 年第 4 期。

・王洪志：《牛河梁红山文化遗址祭坛研究》，《理论界》2014 年第 5 期。

・王苹、刘国祥：《从考古发现看辽西地区龙的起源》，《四川文物》2014 年第 6 期。

・成璟瑭、塔拉、曹建恩、熊增珑：《内蒙古赤峰魏家窝铺新石器时代遗址的发现与认识》，《文物》2014 年第 11 期。

・王巍：《考古学文化及其相关问题探讨》，《考古》2014 年第 12 期。

・张璐：《不朽的灵魂——中国东北新石器时代兴隆洼到红山文化玉器之发展及象征意义的变化》，《青年文学家》2014 年第 29 期。

・朱乃诚：《红山文明及其对认识中国文明起源的重要意义》，《红山文化研究》第二辑，吉林出版集团有限责任公司，2015 年。

・赵宾福、任瑞波：《再论小河沿文化的分期与年代》，《边疆考古研究》2015 年第 1 期。

・李井岩、李明宇：《从红山文化源头查海遗址探析我国谷物酿酒的起源》，《北方文物》2015 年第 1 期。

・董婕：《牛河梁红山文化遗址所在地区古今气候差异程度分析》，《辽宁师专学报》（自然科学版）2015 年第 2 期。

・张星德：《后冈期红山文化陶器分期及相关问题》，《边疆考古研究》2015 年第 2 期。

• 郭大顺：《为什么说红山文化是中华古文化的"直根系"？》，《辽宁师范大学学报》（社会科学版）2016年第2期。

• 刘赫东：《兴隆洼文化的两种类型玉器探究》，《内蒙古师范大学学报》（哲学社会科学版）2015年第3期。

• 徐昭峰、赵海莉、谢迪昕：《红山文化的聚落群聚形态与辽西区文明的发生》，《北方文物》2015年第3期。

• 吕昕娱：《红山文化的祭祀礼制探析》，《赤峰学院学报》（汉文哲学社会科学版）2015年第4期。

• 庞雷：《红山文化地域野生蝉及其与馆藏玉蝉的对比研究》，《辽宁师专学报》（自然科学版）2015年第4期。

• 田广林、周政、周宇杰：《红山文化人形坐像研究》，《辽宁师范大学学报》（社会科学版）2015年第5期。

• 徐峰：《红山文化"玉龙"中的"猿"》，《大众考古》2015年第6期。

• 于建设、滕海键：《深化红山文化研究的几点思考》，《中国史研究动态》2015年第6期。

• 董婕：《牛河梁红山文化玉器与礼制文化探析》，《理论界》2015年第7期。

• 毕玉才：《辽宁朝阳出土5000年前人头雕像》，《光明日报》2015年。

• 谢霄男：《红山文化覆盖区生产方式的转变对内蒙古生态文明建设的启示》，《理论研究》2016年第3期。

• 崔天兴：《红山文化"玉猪龙"原型新考》，《北方文物》2016年第3期。

• 孙永刚、贾鑫：《辽西地区红山文化时期生业方式及其相关问题研究》，《辽宁师范大学学报》（社会科学版）2016年第4期。

•田广林、张桂元、刘安然：《西辽河上游地区红山文化积石冢研究》，《辽宁师范大学学报》（社会科学版）2016年第4期。

•王荣、李一凡、苏布德：《红山文化萤石质鱼形饰的鉴别和探讨》，《文物保护与考古科学》2016年第4期。

•刘海年：《红山文化面饰的艺术价值研究》，《沈阳师范大学学报》（社会科学版）2016年第5期。

•王秀峰：《从社会分工看红山文化中晚期的社会分化》，《辽东学院学报》（社会科学版）2016年第6期。

•沙颖：《红山文化遗址陶人形象的"呼"与"胡"的关系及"胡"的历史沿革》，《赤峰学院学报》（汉文哲学社会科学版）2016年第8期。

•雷广臻、董婕：《陶筒形器——红山文化最精彩的故事》，《理论界》2016年第8期。

•乌兰：《赤峰在华夏文明史上的地位》，《赤峰学院学报》（汉文哲学社会科学版）2016年第11期。

•张洪亮、乌兰：《赵宝沟文化陶器纹饰艺术风格演变与原始宗教的关系》，《赤峰学院学报》（汉文哲学社会科学版）2016年第12期。

•刘晓迪、王婷婷、魏东、胡耀武：《小河沿文化先民生活方式初探：以河北姜家梁遗址为例》，《人类学学报》2017年。

•董新林：《中国考古视野中的鸟居龙藏》，《北方文物》2017年第1期。

•李婉瑛、索秀芬、马晓丽、李铁军：《关于富河文化几个问题》，

《华夏考古》2017 年第 1 期。

• 徐昭峰、于海明：《牛河梁遗址与红山文化祭祖权的垄断》，《辽宁师范大学学报》（社会科学版）2017 年第 1 期。

• 张翠敏：《红山文化与周边文化的关系——以陶器为例》，《辽宁师范大学学报》（社会科学版）2017 年第 1 期。

• 杨海燕：《试论后李、兴隆洼及磁山文化的关系》，《文物春秋》2017 年第 2 期。

• 杨琳：《红山文化兽面玦形玉器用途研究》，《南方文物》2017 年第 3 期。

• 郭大顺：《仰韶文化与红山文化关系再观察》，《郑州大学学报》（哲学社会科学版）2017 年第 4 期。

• 滕海键：《红山文化分布区上古时期人地关系述论》，《郑州大学学报》（哲学社会科学版）2017 年第 4 期。

• 于建设：《红山文化与中华文明起源》，《郑州大学学报》（哲学社会科学版）2017 年第 4 期。

• 张雪莲、刘国祥、王明辉、吕鹏：《兴隆沟遗址出土人骨的碳氮稳定同位素分析》，《南方文物》2017 年第 4 期。

• 付珈嘉：《红山文化祭祀遗址中的"燎祭"浅析》，《遗产与保护研究》2017 年第 5 期。

• 蔡靖泉：《江汉地区新石器时代早期的城背溪文化玉石器——兼论同时期的兴隆洼文化和裴李岗文化玉石器》《三峡大学学报》（人文社会科学版）2017 年第 6 期。

• 范杰：《史前獠牙崇拜摭谈——兼议兴隆洼文化牙形玉器》，《文化与传播》2017 年第 6 期。

• 孟庆旭、刘肖睿：《兴隆洼文化生业模式与环境关系》，《北方民族考古》2018年第5辑。

· 陈声波：《方圆之变——试论红山文化与良渚文化玉器的造型艺术》，《边疆考古研究》2018年第1期。

· 邵国田：《赵宝沟文化蚌虎异样纹饰分析——从玉源博物馆孤藏的一件蚌虎说起》，《吉林师范大学学报》（人文社会科学版）2018年第1期。

· 王先胜：《期待"全考古学"时代的到来——兼评〈牛河梁红山文化遗址建筑设计思想研究〉》，《重庆文理学院学报》（社会科学版）2018年第2期。

· 聂晓雨、李飞帆、贾中宝、王璐：《半拉山红山文化墓地出土龙柄石钺浅识》，《洛阳考古》2018年第4期。

· 邵国田、王冬力：《红山文化首次发现熊陶尊及其酒元素的文化价值研究》，《吉林师范大学学报》（人文社会科学版）2018年第5期。

· 田广林、梁景欣：《关于牛河梁第二地点红山文化四号冢的几个问题》，《辽宁师范大学学报》（社会科学版）2018年第6期。

· 《俯仰红山文化半世纪：考古学家郭大顺》，《文化学刊》2018年第12期。

· 金龙：《静静的兴隆洼：八千年文明写传奇》，《东北之窗》2018年第15期。

· 何建斌：《红山文化牛河梁女神庙遗址出土陶熏炉器盖的修复》，《文物鉴定与鉴赏》2018年第16期。

· 沙新美：《红山文化勾云形类玉器类型谱系演变》，《设计》2018年第18期。

•李涛：《红山文化无底筒形器的"专业化"生产问题》，《北方文物》2019 年第 1 期。

•陈伟驹：《小河西和兴隆洼文化的绝对年代》，《边疆考古研究》2019 年第 2 辑。

•杜战伟、韩斐：《论兴隆洼文化的分期与年代》，《考古》2019 年第 3 期。

•南博讲坛：《"玉"见"中华龙"：兴隆洼文化与红山文化探秘》，《东南文化》2019 年第 5 期。

•朱乃诚：《红山文化弯板状玉臂饰研究》，《文物》2019 年第 8 期。

•李林贤：《兴隆洼玉玦的功用是观象授时》，《西部学刊》2019 年第 23 期。

•陈伟驹：《小河西和兴隆洼文化的绝对年代》，《边疆考古研究》2019 年第 26 辑。

•马跃、刘喜涛：《鸟居龙藏"南满洲"调查述略》，《高句丽与东北民族研究》，吉林大学出版社，2020 年。

•陈继玲、陈胜前：《白音长汗遗址兴隆洼文化聚落空间研究》，《边疆考古研究》2020 年。

•杨福瑞：《考古学关于燕北辽西史前历史的认识（一）——红山文化发现与研究的学术历程》，《赤峰学院学报》（汉文哲学社会科学版）2020 年第 1 期。

•江美英：《红山文化熊冠玉人身份探析——从一件流散又曾被误解的红山玉人说起》，《吉林师范大学学报》（人文社会科学版）2020 年第 1 期。

•孟庆旭、孙婷婷：《半拉山红山文化遗址相关遗迹性质分析》，

《西部考古》2020 年第 2 期。

•栗媛秋：《内蒙古敖汉旗兴隆沟遗址出土陶器岩相与成分的初步分析》，《四川文物》2020 年第 4 期。

•张星德、王健：《红山文化筒形器的形制与功能研究》，《渤海大学学报》（哲学社会科学版）2020 年第 4 期。

•田广林、任妮娜、周政：《红山文化正坐造像与亚非欧大陆的早期中西交通》，《黑河学院学报》2020 年第 5 期。

•谷会敏、徐健：《人类早期隐喻观的萌发——基于红山文化玉器造型研究》，《佳木斯大学社会科学学报》2020 年第 5 期。

•李新伟：《红山文化玉器内涵的新认识》，《中原文物》2021 年第 1 期。

•范杰：《红山文化对蚕资源的认识和利用——以出土玉蚕为中心》，《农业考古》2021 年第 1 期。

•曲枫：《史前萨满教研究理论与方法探析——以红山文化为例》，《北方文物》2021 年第 2 期。

•贾笑冰：《红山文化研究的百年历程与展望》，《草原文物》2021 年第 1 期。

•侯静波、陈国庆：《浅析外来文化对魏家窝铺红山文化环壕聚落的渗透与影响》，《边疆考古研究》2021 年第 1 期。

•李新伟：《红山文化玉器内涵的新认识》，《中原文物》2021 年第 1 期。

•于昊申：《小河西文化生业模式初探》，《农业考古》2021 年第 1 期。

•范杰：《小河沿文化玉器研究》，《渤海大学学报》（哲学社会科学版）2021 年第 4 期。

· 田野、魏欣欣：《兴隆洼文化"栽立式人形造像"初探》，《辽宁师范大学学报》（社会科学版）2021 年第 5 期。

· 赵宾福：《从东北出发：百年中国考古学的起步与进步》，《江汉考古》2021 年第 6 期。

硕士、博士论文

· 蒋晓艳：《红山文化与中华礼制文明》，辽宁师范大学硕士学位论文，2010 年。

· 曹阳：《辽宁地区红山文化墓葬研究》，首都师范大学硕士学位论文，2011 年。

· 段岩涛：《在红山文化基础上的视觉形象设计研究》，首都师范大学硕士学位论文，2012 年。

· 孙予航：《赵宝沟文化陶器分期及渊源研究》，辽宁大学硕士学位论文，2012 年。

· 贺辉：《新石器时代祭祀类遗迹研究》，南京大学博士学位论文，2013 年。

· 彭志云：《红山文化中的会计行为意识研究》，湖南大学硕士学位论文，2013 年。

· 牛文楷：《大、小凌河流域的红山文化》，辽宁大学硕士学位论文，2013 年。

· 徐峰：《红山文化勾云形玉器及相关问题研究》，内蒙古师范大学硕士学位论文，2014 年。

· 付维鸽：《红山文化"玉猪龙"考析》，兰州大学硕士学位论文，2014 年。

· 周晓冰：《论兴隆洼文化手工业》，辽宁师范大学硕士学位论文，2014年。

•马卉：《牛河梁遗址红山文化陶器分期及相关问题》，辽宁大学硕士学位论文，2014年。

•周晓晶：《红山文化玉器研究》，吉林大学硕士学位论文，2014年。

•刘国祥：《红山文化研究》，中国社会科学院研究生院博士学位论文，2015年。

•白玉川：《红山文化牛河梁遗址的时代变迁与聚落演变》，吉林大学硕士学位论文，2015年。

•萨其日拉图：《红山文化玉鹰雕刻造型语言研究》，内蒙古师范大学硕士学位论文，2015年。

•刘远富：《辽宁地区公元前5000—4500年前后考古学文化陶器分期及相关问题研究》，辽宁大学硕士学位论文，2015年。

•刘敬华：《红山文化遗产活化与旅游区构建研究》，渤海大学硕士学位论文，2015年。

•何晓望：《辽西地区新石器时代鸟形象研究》，辽宁大学硕士学位论文，2016年。

•张思琪：《那斯台遗址研究》，辽宁师范大学硕士学位论文，2017年。

•高鹰：《兴隆洼文化聚落形态研究》，内蒙古大学硕士学位论文，2017年。

•付珈嘉：《大凌河流域红山文化遗存祭祀方式研究》，辽宁师范大学硕士学位论文，2017年。

•胡静：《中华文明起源视角下的红山文化与良渚文化比较研究》，辽宁师范大学硕士学位论文，2017年。

· 王秀峰：《红山文化中晚期社会分化研究》，渤海大学硕士学位论文，2017 年。

· 林朝阳：《红山文化房址研究》，吉林大学硕士学位论文，2018 年。

· 许丽君：《红山文化鸟纹玉器研究》，辽宁师范大学硕士学位论文，2018 年。

· 张文文：《基于红山文化的饮杯设计与语意研究》，大连工业大学硕士学位论文，2018 年。

· 范杰：《红山文化龙纹玉器研究》，辽宁师范大学硕士学位论文，2018 年。

· 姜仕炜：《红山文化社会复杂化研究》，山东大学硕士学位论文，2018 年。

· 陈琪：《兴隆洼文化社会复杂化研究》，内蒙古师范大学硕士学位论文，2018 年。

· 龚湛清：《小河沿文化墓葬探索》，吉林大学硕士学位论文，2019 年。

· 特尔格勒：《红山文化斜口筒形玉器研究》，内蒙古大学硕士学位论文，2019 年。

· 邝漫华：《内蒙古敖汉旗兴隆沟遗址第一地点陶器研究》，内蒙古大学硕士学位论文，2020 年。

· 王芳泽：《牛河梁遗址红山文化彩陶纹饰分类与溯源》，辽宁大学硕士学位论文，2020 年。

· 李强：《兴隆洼文化聚落与社会研究》，辽宁师范大学硕士学位论文，2020 年。

· 王健：《红山文化筒形器研究》，辽宁大学硕士学位论文，

2020 年。

• 熊增珑：《辽西地区新石器时代聚落研究》，吉林大学博士学位论文，2020 年。

• 高云逸：《中国东北地区公元前三千年前的文化演进与社会发展》，吉林大学博士学位论文，2021 年。

• 于昊申：《内蒙古敖汉旗兴隆沟遗址第一地点出土石器研究》，内蒙古大学硕士学位论文，2021 年。

• 申颖：《小河沿文化的演进及与其他考古学文化的关系研究》，辽宁师范大学硕士学位论文，2021 年。

后　记

　　本书是对红山文化考古发现与研究 100 年的回顾与总结，由孙永刚、林杨、李丹阳、王琪、张颖、周午昱共同编写完成，具体分工如下：

　　第一章由孙永刚、林杨编写，第二章由李丹阳、王琪编写，第三章由张颖编写，第四章由周午昱编写。

　　初稿完成后，孙永刚承担了全书的统稿工作，对每一章节进行了修订，并补充了大量的考古学资料与最新的研究成果。李阳、牟泉霖、张智宇负责红山文化考古发现与研究 100 年来考古调查、发掘简报及研究论著的整理工作。

　　在本书的编写过程中，得到了许多同行和前辈的指导与帮助，在此表示衷心的感谢。

　　红山文化研究是一个不断发展的过程，希望本书能够为后来者提供一些参考和启发，也希望更多的人能够加入到红山文化的研究中来，使红山文化研究实现进一步的突破。

孙永刚

2021 年 12 月